图书在版编目（CIP）数据
先驱诗人——殷夫 / 严有宏著 . -- 上海：同济大学出版社，2021.6
ISBN 978-7-5608-9747-9
Ⅰ . ①先… Ⅱ . ①严… Ⅲ . ①殷夫（1909-1931）—生平事迹
Ⅳ . ① K825.6
中国版本图书馆 CIP 数据核字（2021）第 077658 号

**先驱诗人——殷夫**

严有宏　著
出版策划　《民间影像》
责任编辑　陈立群　（clq8384@126.com）
装帧设计　陈益平
电脑制作　朱丹天
责任校对　徐春莲

出版发行　同济大学出版社 www.tongjipress.com.cn
（地址：上海市四平路 1239 号　邮编：200092　电话：021-65985622）
经　　销　全国各地新华书店
印　　刷　上海锦良印刷厂有限公司
成品规格　170mm × 213mm　184 面
字　　数　180 000
版　　次　2021 年 6 月第 1 版　　2021 年 6 月第 1 次印刷
书　　号　ISBN 978-7-5608-9747-9
定　　价　68.00 元

# 先驱诗人——殷夫

严有宏　著

同济大学出版社

# 本书缘起

二十世纪50年代末读《革命烈士诗抄》，其中有殷夫的《血字》《让死的死去吧！》《五一歌》《我们是青年的布尔什维克》《别了，哥哥》《译裴多菲诗》等六首，我幼小的心灵曾为之深深打动；六十年代高中课本上又读到鲁迅先生写的《为了忘却的记念》，更为殷夫那短暂而又跌宕起伏、传奇多彩的一生经历所感佩叹服……打那时候起，一粒小小的火种，铸成了我一生挥之不去，念兹在兹、为之不懈努力的夙愿——要为先驱殷夫写部传记。

殷夫烈士是伟大的诗人，他的诗是用生命和鲜血写成的，是雄壮的、响彻云霄的交响乐。

自1978年初，尝试写作电影文学剧本起，我就开始了撰写殷夫生平故事的艰辛创作历程，写成电影剧本《碧血朝花》，当年曾被上海电影制片厂文学部列为“支持修改项目”（厂领导石方禹、主办编辑刘果生）。剧本历经多次修改，终因不理想而搁浅，以致使我知难而退，从此不再“触电”。

2005年退休后，我婉拒了高薪返聘，开始做起退休前总想做而始终未能完成的事——创作一部诗歌与纪实融为一体的传记文学作品《先驱诗人——殷夫》。要完成这样的红色历史文化题材作品，史料实证至关重要。好在我之前长年累月收集了有关殷夫的资料，这是我完成本书的坚实基础。今天，《碧血朝花》脱胎成了《先驱诗人——殷夫》。历经数十次大小修改，四十余载淬火锤打，可谓百折千回。

光阴荏苒，时不我待，久未出版的书稿，时常捧在手上，就像捧着一团火，就怕它会燃尽熄灭、灰飞烟灭了，什么也没留下来……

现今《先驱诗人——殷夫》如今终于可以完稿出版了，真乃“涓涓血汗等闲流”。

老夫已年逾七五，但仍矢志不渝，虔诚而谦恭地呈献出这本小小的《先驱诗人——殷夫》，敬奉广大读者，尤其是广大青少年读者，缅怀殷夫烈士。传承红色基因，弘扬革命烈士精神。

严有宏

2020年9月

# 自 序

我真是一个执着而“out”了的“老派人”，非亲非故，非师非友，虔诚地偏要为一位早逝的诗人立传。虽然，他在这个世界上只活了短短的不到二十一年，但他依然是一位出类拔萃才华横溢的诗人，一位颇具传奇色彩、多有建树的职业革命家。他更像一颗遽然陨落的流星，壮美地划过夜空，匆匆离我们而去……

不过，人们并不会轻易忘记他，现今的人们也时而会缅怀他：他胸中有大义，心中有人民；他执着追求世间真理的革命精神，他在中国革命文学史上的地位，已载入中国现代文化史册，吸引着一代又一代人钦慕的目光！

这是中国革命历史上一个难以忘却也不该忘却的人物。

徐孝杰，徐柏庭，徐祖华，徐白，任夫，白莽，殷夫，都是他曾经用过的名字。

殷夫的一生，从1910年6月11日至1931年2月7日，他在人世间只有区区二十年七个月零二十七天。他以自己年轻而短促的生命，诠释笃行了他所翻译的匈牙利爱国诗人裴多菲的那首著名格言诗：

生命诚宝贵，
爱情价更高；
若为自由故，
二者皆可抛。

他自己选择的人生道路，身体力行镌刻了“概括一生”的这段格言；他的精神和灵魂硬铮铮地熔铸了这四行金句中的每一笔每一画，使这首著名的格言诗，愈磨砺愈加熠熠生辉。

殷夫一生，从他少年时代写下第一句诗开始，一直到他 21 岁牺牲前，曾创作了大量优秀的诗篇散文。他的早期诗篇都应归属于“青春型”的那一种；后期的又大多属于“红色鼓动诗”这一类。他那些“啼、笑、悲、乐、兴奋、幻灭”的诗句，皆渗透出纯真圣洁的青少年情愫，字里行间都流淌着光彩四溢的青春活力。

在中国诗歌史上，尤其近代“百年新诗”时期，殷夫所留存下来的百余首诗篇，基本都是在 1927 年至 1930 年所创作的。当然还有不少作品，在他几度被捕、生死动荡的生涯中，没能保存下来。

《先驱诗人——殷夫》是一部诗歌与纪实融合的传记文学作品，撰写记述殷夫短暂而精彩一生的文字，少不了会将重点放在他那一篇篇呕心沥血所创作的诗歌上。

本书以殷夫传奇多彩的一生经历为主线，勾勒出了上世纪二三十年代，在上海一批投身革命的莘莘学子——“智识者”，他们的生存环境、他们的信仰和追求、他们的学习和工作、爱情与生活的励志奋斗故事——以及“一个矛盾和交战的过程”。后者正如殷夫在《“孩儿塔”上剥蚀的题记》中所形容：“啼、笑、悲、乐、兴奋、幻灭……一串正负的情感，划成我生命的曲线；这曲线在我诗歌中，显得十分明耀。”

为一个继承现实主义创作传统的诗人写传，除了要恰如其分地突出殷夫诗作的风格特色外，还要特别“突出”革命家兼诗人殷夫传奇的一生——这是记述一个“诗人一生”的传记文学作品，那就不可避免直接引用殷夫的诗作，并以此作为全书的一条“贯穿线”，让读者更深切地贴近殷夫当年的现实生活环境及其内心世界。

殷夫的诗歌，产生于上世纪的二三十年代，当时无疑是被当作“新诗歌精品”“时代杰作”；作者也无愧“诗歌王子”“前卫诗人”“时代翘楚”“红色诗歌旗手”的称号。

岁月流逝，蓦然之间竟已近百年了，现代人的欣赏模式已发生了巨变，但这不应该成为我们再读殷夫诗歌的障碍。

2020 年 6 月 11 日是殷夫诞生 110 周年的纪念日，2021 年 2 月 7 日是殷夫罹难 90 周年纪念日，2021 年 7 月又是伟大的中国共产党成立百周年纪念。

人生易老天难老！倘若殷夫活着，已是 110 岁老人，著作等身了；无可否认，殷夫其人其事确已逐逝川而远去了……但他的诗作，却永远不老，永远是那么朝气蓬勃、精力充沛，也永远不会黯然逝去！真所谓“人生易老诗不老”！

如今，诚可告慰烈士的是：当年烈士被囚禁并罹难的上海龙华监狱，今天已成了庄严肃穆的龙华烈士陵园。那里有大片绿色的草坪，一方枣红色花岗岩墓碑下，正埋葬着诗人殷夫的忠魂遗骨……今天过着和平幸福生活的后辈们，年年岁岁都不会忘记来此地凭吊敬仰缅怀。

让我不禁咏叹之：“革命阵中一诗人，万古云霄一旌旗。”

同济大学是烈士殷夫的母校，共产党人殷夫是同济大学早期的杰出校友，因此同济大学出版社，也成了我这部刻画殷夫生平传记的首选出版社。

如今，此书即将付梓，我的兴奋与鸣谢之情难以言表，如此艰困笃行的创作终成正果，实乃吾人生之一大乐事幸事焉。

严有宏

2020 年 10 月 7 日改写

# 目　录

# 第一章　铁血 1927

天空阴沉，乌云翻滚，惊涛骇浪。

翻卷的海浪，咆哮着向船上甲板扑来，喷溅起巨大浪花……

一只矫健的海燕在阴沉的海天中搏击呼啸。

天际一道闪电划破夜空，照亮青年殷夫的脸庞：轩昂而又含稚气的眉宇、睿智闪烁的双眸，长衫的襟摆在海风中不断飘起……

飞旋呼叫的海燕，预示着暴风雨已经逐渐降临。

## 一

1927 年春，上海。

黑云压城，晚上六点。

往日繁华热闹的上海顷刻间变了样。南京路上几家大百货公司都关门停止营业，显得十分清冷凄寂。

一条街道上路灯摇曳，弥漫着愁惨的昏黄。灯光透过街树投射到湿漉漉的街面，泛出斑驳的微光怪影；电线杆上张贴着“扰乱治安者格杀勿论”的布告，显得格外阴森刺眼……

缓驰而过军阀的大刀队，巡警背上的大刀寒光闪烁，马蹄踏过路面积水四溅……

大刀队日夜沿街巡逻，见有嫌疑人，不分青红皂白，当场砍杀。一批人在一个戏院门口看上演剧目说明书，大刀队以为是在阅读革命传单，冲上去挥刀乱砍一阵，当场砍死砍伤多人。浦东有个小贩，口呼“卖大饼”，大刀队士兵诬他在呼“打败兵”，当场用刀戳死。

大刀队杀了人，还不准别人收尸，“暴尸示众”，许多无头尸体横卧街头，惨不忍睹。在老西门、斜桥、北火车站一带人口稠密处，电线杆上还悬挂着几个血淋淋的人头，一片阴森恐怖的气氛弥漫在上海街头。

湖州会馆，一间会议室里人头攒动，由中共领导的各界群众组织正在召开联席会议。

工人起义领导人罗亦农在演讲：

“现在我们不该再忍了，我们就是要组织上海的工人、商人、学生、军人及一切自由职业者起来斗争。反对肆意逮捕杀害革命志士！反对实行居民互保制，反对封禁上海总工会和全国学生总会。

“废除一切苛捐杂税，宣告市民集会结社、言论出版、罢工的自由！打倒军阀孙传芳及其走狗丁文江反动政权，我们要召集真正代表市民大众意旨的市民会议！成立全上海市民自己的政权。”

穿着一件黑皮夹克的工人领袖汪寿华，用充满鼓动性的嗓音大声地说：

“同志们，你们要枪，枪多得很，只是要大家自己去夺！我们工人闹革命，就靠一双手，谁愿意参加革命，谁就跟我走！”

自3月21日中午12时起，上海总工会发布“总同盟罢工令”，全市八十万工人实现了总罢工并立即转入武装起义，租界里的中国工人也集合到华界参加起义。

几千名工人纠察队员，从南市、虹口、浦东、吴淞、沪西、沪东、闸北等七个区分别向反动军警据点发动猛攻。

当时，上海工人纠察队人多，但枪少，子弹更少，平均每支枪只能配三四发子弹。

工纠队员们经过炮仗店，大家灵机一动买下许多鞭炮，再把它放在空铁皮火油箱里，遇到敌人据点，将火一点，“乒乒乓乓”，就像打响机关枪一样，把军阀官兵吓得像过街老鼠四处逃窜……

上海成千上万的市民群众也主动帮助工人纠察队筑街垒、运弹药、送食品。大小饭店的店员赶制食品，供应前线；臂戴红十字袖章的男女济难会会员奔波劳碌于前线和后方，救护起义的伤员。

上海工人武装起义队伍在起义领导人周恩来、罗亦农、赵世炎的指挥下，迅速在虹口、南市、浦东、沪西地区展开进攻并获得初胜。

战斗渐渐集中到了军事交通重地——闸北区，起义队伍立即在关键的地点，集中起优势的力量，向军阀守军部队发起了最后的总攻。工纠队员勇敢牺牲夺取敌人的枪支；冒着枪林弹雨，与守敌展开激烈的巷战，经过了几轮争夺拉锯，起义队伍终于攻占了天通庵车站。

经过足足28小时的浴血奋战，上海工人起义军连续各个击破，攻克反动军警的据点，先后占领了除租界以外的整个上海地区，敌人纷纷挂起白旗缴械投降。

中国共产党领导的、被称作“东方巴黎公社”的上海工人第三次武装起义取得了空前胜利。近代史上，半殖民地半封建统治下的上海，第一次归属于广大工人及市民。

殷夫在《拓荒者》中呼喊：

我们把旗擎高，
号儿吹震天穹，
只是，走前去呵，
我们不能不动！

这尚是拂晓时分，
我们必须占领这块大地，
最后的敌人都已逃尽，
曙光还在地平线底。

荒芜的阵地，
开着战斗的血花吧！
胜利的清晨，
太阳驰上光霞吧！

走前去呵，同志们！
工作的时候不准瞌睡，
大风掠着旌旗，
我们上前，上前！

## 二

1927年3月22日，上海市民代表会议隆重召开，会上选举产生了上海特别市临时政府，会议还制定通过了《市政府组织条例（草案）》，规定全市最高权力机关为上海特别市市民代表会议，代表会议产生的政府隶属于国民政府。

在一次工人武装起义的重要会议上，上海总工会领导人汪寿华说道：

“我们曾派人到龙华，请北伐军东路总指挥白崇禧派部队配合工人起义，希望能内外夹攻，消灭军阀政权。但北伐军白崇禧部，就是按兵不动，推托说必须要等蒋总司令的指令……

“他们想干什么？是想隔岸观虎斗，消耗掉我们工人的有生力量吗？我们不能再等再靠了……他们不行动，那我们就自己干！”

在学生界代表的人群里，能见到殷夫，一个面貌端正、脸色有点黝黑、近十八岁的青年，他那张稚嫩的脸庞显得特别严肃激动……

上海北火车站大楼上，红旗飘扬，拉着大幅的横幅：

“国民革命胜利万岁！”

街面上簇拥着一群气宇轩昂、手持简易武器的工人纠察队员。

“无产阶级革命的先锋战士！”

“死为雄鬼！”

电厂老马师傅和一群工人起义纠察队员，高举武器发出胜利的欢呼……

此间似有诡谲恐怖之声自远而近地泛起——

蒋介石急迫地在沪召集重要亲信，讨论分析上海政局的形势变换，密谋策划政变要案。

在武汉，汪精卫和陈独秀代表国共两党，就时局变革进行紧急会谈，遂即发表了《汪陈联合宣言》。

这个《汪陈联合宣言》如同一副麻醉剂。一方面让汪精卫捞取了政治资本，给这个变色龙涂上了一层厚厚的保护色，使共产党人对汪精卫这个所谓的“国民党左派领袖”更加深信不疑。

另一方面，把共产党误导引向了歧途，使革命者放松了对蒋介石的警惕性和斗争力度，让蒋介石轻而易举掌控了上海和南京，进而为发动反革命政变、成立南京国民政府，提供了舆论准备条件。

上海的各家报纸纷纷大字刊发消息："为调解工人内讧，蒋总司令勒令工人纠察队缴出枪械！"

中国共产党领导的工人纠察队又岂能轻易缴出枪械武器……

在上海工纠队的驻防地，有人坚毅无畏地高声唱起了《敢把皇帝拉下马》的歌曲：

天不怕，地不怕，
哪管铁链子下面淌血花，
拼着一个死
敢把皇帝拉下马。
杀人头落地，
砍掉脑袋，
只有碗大个疤……

## 三

上海龙华，国民军司令部参谋处处长徐培根的办公室。

还在浦东中学就读的殷夫兴奋地说道："在中国上海的这次起义，完全可以比作是一场‘法国巴黎公社式’的革命——是‘东方巴黎公社’的伟大胜利。”

曾任黄埔军校军事教官、一身上校军装腰板笔挺的徐培根，情真意切地劝小弟殷夫：“阿白，中国革命的艰苦性、复杂性，是远远超出你一个青年学生所能想象的！……你不要以为，北伐军一到，干什么都自由了，什么都可以公开化合法化了。”

殷夫答道：“上海工人学生商人开展总罢工罢课罢市的斗争，不正是为了响应配合北伐军入沪，打倒军阀孙传芳吗？这是得到蒋总司令特别赞扬，还专门派人赠来‘共同奋斗’的锦旗。”

“说你的头脑简单罢！事情哪像你们学生想象的那么简单明了……我可关照你——不要动不动就是什么罢工罢课！可不能再胡闹了，还是快点回学校去，好好读你的书更要紧！”

“我可不是什么小孩了，我有我自己的信仰——”

大哥压低嗓音说：“我告诉你，要不了多久，时局就要变啦！……你跟着这帮赤色分子，是一定会吃苦头的。”

殷夫：“时局要变——你怎么知道？”

徐培根：“我——我是高级参谋，我怎么会不知道？”

殷夫：“那——你能透露点消息给我听听吗？”

徐培根：“这，你不要管……阿白弟，父亲不在了，我作为大哥，有义务有权利严正警告你，不要再跟那帮共党分子瞎胡闹了……等到出了事，你再后悔，就什么也来不及了！”

殷夫回去后立即找到组织，向上级汇报此一情况后，按上级指示，第二天再去找大哥探听详情，但大哥已随部队离开上海。

三天后震惊中外的“四一二大屠杀”，一场腥风血雨的反革命风暴就在申城迅猛地奔袭弥漫开来。

殷夫在《May Day的柏林》中呼喊着：

迎战哟！我们的队伍，
为勇于迎敌的热情，
开始突破了行列，
满街，瞧！都是我们在狂奔！

雷电似的冲突！
暴怒的狂飙振摇全城！
铁与铁，肉与肉，血与血，
伟大的抗争！

暴乱的笑容展开在街头，
柏林的“五一祭”，
宪兵、军警、社会民主党，
我们是世界普罗列搭利亚的一分！
冲突吧，这是开始，
胜利的开始，

我们用枪来射击，
射击布尔乔亚的德意志！

队伍，突进，蜂聚，袭击，
街战栗，漫着杀的烟雾，
狂热的号呼代替了静寂，
每逢马路上奔驰飞步！
枪声鼓唱了新时代的新生，
红旗摇展开大斗争的前战！
攻击，攻击，永远的攻击，
斗争中没有疲倦！

## 四

1927年4月11日晚，老谋深算的上海青帮头目杜月笙指使部下，将上海总工会委员长汪寿华骗至家里后，瞬间将他打昏，又将其整个身体装进麻袋……随后用车拉到枫林桥，挖了个深坑活埋了……

4月13日，阴雨笼罩。在上海闸北青云路上，上海总工会、市学联组织数十万工人学生市民上街游行示威。

要求讨回他们工人组织领导的头领，要求归还工人纠察队的枪支，惩办反动派及流氓凶手！

游行队伍里有殷夫和浦东中学他的一群年轻同学们，他们边挥舞着纸旗，边呼喊着口号向前进……

当游行先头队伍行至闸北鸿兴路口、国民党二十六军司令部大门口时，遭驻守的蒋介石军队阻挡，蒋军还凶横地举起步枪开枪威吓。暴行激怒了游行群众，人们群情激愤、昂首挺胸继续前进……

“哒哒哒哒……”蒋家军队的机枪开火了，向着举着青天白日旗帜和上海工人纠察队旗帜、手无寸铁的市民群众游行队伍残暴血腥地密集开火，刹那间死伤百余人。

宝山路上尸横遍野、被杀害的工人躺卧在“劳工神圣”的横幅上，血水和雨水相混，汩汩流淌……

惊愕的殷夫在队伍里目睹了这一幕灭绝人性屠戮游行市民的惨剧，心中的怒火冲天……

雨夜，一处秘密刑场。

一队穿着国民军军装的行刑手，急匆匆地处决一些穿工人、学生服装的被捆绑着的人。

刑场上，鲜血四溅、人头落地，电闪雷鸣，恐怖充斥着乌云密布的墨色夜空……

大雨不停地冲刷张贴在墙上的“杀绝中国共产党”标语，以及“扰乱治安者格杀勿论”的布告……

有几颗被砍下的人头悬挂在路边电线杆上……

殷夫在《意识的旋律》一诗中高吼道：

碧绿的天鹅绒似的波涛，
在天边，天边，夹风怒嚎！
卷上昆仑的高顶，
振动满缀石窟的长城！
愤怒的月儿血般地放光，
叛逆的妖女高腔合唱！
流血，复仇，冲锋，杀敌，
新的节拍越增越急！
黄浦滩上唱出高音，
苏州河旁低回着呻吟！
炮，铁甲车，步声，怒吼，
新的旗帜飘上了人头！
三次的流血，流血，流血，
无限的坚决，坚决，坚决！
“四一二”的巨炮振破欢调，
哭声夹杂了奸伪的狂笑！
颤音奏了短音阶的缓曲，
英雄受着无限的屈辱！……

# 五

由黄炎培创办的名牌中学——浦东中学，是沪上最早创办的现代中学之一。

早期的浦东中学占地六十余亩（操场占地二十余亩），学校布局错落有致，中间是可容纳千人的宏伟坚实的大礼堂，东西两侧各建“匡”字形的两层楼，楼上楼下各包含几十间教室，设施俱全。

简洁的校舍里。殷夫正拿着书本，凝神发呆……走廊里突然传来杂乱的脚步声，脚步声越来越近了……

“砰”的一声，房门被踢开了。走进来四个穿黑衣的巡警，走到殷夫跟前，恶狠狠地喝道：“你们所说的党徒，就是——他？！”

“是，是他，就是他。在学校里，一向都很有名的……”后边跟来的一个黝黑丑陋的小矮子，带着恶意的狞笑忙不迭地应道。“我们搜过他的藤箱，里面有好多共党的宣传品……”

“啪——！”为首的那个巡警挥手在殷夫头上打了一拳，“小赤佬，侬要寻死呵……”

殷夫被打得一个踉跄，脑袋直冒金星……

两个巡警旋即抓住殷夫的手，迅速背到身后，铐上手铐。拖拽着，押出校舍、走廊、操场……在众多师生的目光注视下，被推上囚车拉走了。

黑色的囚车嚣叫着，疾驶而去。车后小窗口里，殷夫苍白悲怆而又焦虑失神的脸……

殷夫被捕后在狱中写有长诗《在死神未到之前》：

——别了，亲爱的同学，
努力，努力地创造你们的前程。
我是将永久地去了！
请你们记住我的暗影！

——别了，亲爱的同学，别了！
你们都还这么年青，
你们别忘，千万别忘了，
你们应当为工农的利益而牺牲！

——别了，亲爱的同学！
还有句话，牢记在心：
千万别学少数的败类，
中国须要真正的真正的革命！……

## 六

监狱刑讯室里，阴森恐怖、乌烟瘴气，晃动着几个狰狞的人影。

一个面目狰狞，满脸横肉的行刑手，从大水桶里取出一根浸泡过的牛皮鞭，狞笑着，向被麻绳绑在行刑凳上的殷夫逼去……

殷夫胸脯袒露、咬紧牙关闭上眼睛，准备受刑。

朦胧中，又响起大哥徐培根的声音："我告诉你……时局就要变啦！……你跟着这帮赤色分子，是一定会吃苦头的。……"

"啪——！啪——！啪——！"粗壮的皮鞭一下一下、凶狠地抽打在殷夫的胸脯上，立即鼓起一条条渗血的鞭痕……

朦胧中，殷夫仿佛听到了上海工人纠察队员的激越抗争的呼喊声……隐隐约约又飘浮过来几个巴黎公社市民起义者高举着红旗、握紧枪支，在巴黎街头临时堆筑的街垒旁坚持巷战的画面……

"啪——！啪——！啪——！"皮鞭不分青红皂白地连续抽打着……

殷夫在彻心裂肺的剧痛下，迅即低下了头，昏厥了过去……

殷夫在长诗《在死神未到之前》里吟道：

母亲，你的儿子，
为了革命，去了，革命！
永远要别你去了，
请别再望穿了眼睛！

母亲，你的儿子，
去了，为了革命；
永远要离你去了，

请别再替我担心！

死的门早已开着，
你的儿子就将踏进，
请别为我流涕呀，
你的儿子已得了光荣的赐赠！……

## 七

殷夫趴在牢门小窗上，正叫唤在走廊里巡视的一个看守：“长官、长官……”

“不许喊叫！不许喊叫！”那个看守吆喝着赶到牢门口。

殷夫：“长官，请问你——能帮我带封信吗？”

“带信——你懂这里的规矩吗？”看守边说边用拇指和食指做了个圆圈的暗示手势。

殷夫心里明白，从衣袋里摸出了一块银洋和一封信，递了过去……

看守看着信封上写的地址姓名，问：“徐培根是你什么人？”

“是我大哥。”

“这封信可是要送到南京去的呵，这点钱哪里够？”

殷夫愣了一下，狠狠心又摸出一块银洋拱手递上……

殷夫在《囚窗》一诗中又低吟道：

你，惨淡地，沉默地，
我们透过只看见雪似的霜，雪似的霜，
何时，你映射着红日，
你这苍白的，死寂的窗，死寂的窗？

你幽然地睁视，
兀似地狱的眼睛，
你绿苍色的光，
钻痛着，扭扼着我们的灵魂。

我们要自由的呼吸，
你沉惨地沉默不语，
我们要光明的太阳，
你的黑暗、沉默、苍白充满了穹宇。

## 八

雨夜，国民党上海市党部，熙来攘往，杀机正浓。

从南京风尘仆仆赶到上海，一身戎装的徐培根与军装上佩戴有红蓝白“三色牺牲带”、脚上裹着绑腿皮靴的朱凡波，从楼梯上走下来。

徐培根：“这几个月来的特别行动，真让人喘不过气来呵！”

朱凡波：“乱世用重刑嘛……培根兄，在这护党救国、根除后患的紧要关头，你决不可心慈手软哪！”

“波兄，蒋总司令清党这一狠手，可真让人料想不到呵！”

“哎，慈不掌兵嘛，自古以来，哪个新君王上台，不都得清除异己，大开杀戒呵？……”

“不管怎么样，白弟的事，我终归还是要拜托给你。他要是被杀了，我老母亲肯定会去寻短见的，这让我如何放得下心，去德国军校学习呵？”

“真可谓长兄为父呀，所以这个忙我无论如何还是要帮的……不过我可把丑话说在前头，今后你可要管住你那个不守安分的弟弟，如果再进来，那恐怕连我也帮不上你什么忙啦！”

“放心吧！以后我一定会管住他，让他好好去上大学的。”

殷夫《孩儿塔》诗中写道：

只是你们已被世界遗忘，
你们的呼喊已无迹留，
狐的高鸣，和狼的狂唱，
纯洁的哭泣只暗绕莽沟。

你们的小手空空，

指上只牵挂了你母亲的愁情，
夜静，月斜，风停了微嘘，
不睡的慈母暗送她的叹声。

幽灵哟，发扬你们没字的歌唱，
使那荆花悸颤，灵芝低回，
远的溪流凝住轻泣，
黑衣的先知者默然飞开。

幽灵哟，把黝绿的磷火聚合，
照着死的平漠，暗的道路，
引住无辜的旅人伫足，
说：此处飞舞着一盏鬼火……

## 九

熙熙攘攘的上海十六铺码头。

徐培根张芝荣夫妇站在码头站台上，挥手目送徐素韵、殷夫姐弟俩，坐海轮回老家象山去。

汽笛鸣响，冒着黑烟的海轮载着刚释放出狱的殷夫，缓缓驶向远方……

南京徐培根家的卧室，光线柔和。

夫妇俩都已换上睡衣，靠枕歇息。

徐培根心事重重、抚额长叹。

张芝荣问道："白弟答应陪你去德国念书了吗？"

徐培根感叹道："没答应！他不愿意出国……我也只好尊重他个人的志愿。"

"那在上海读大学的事，他总同意了吧？"

"基本谈妥了，我想要他——报考同济大学。"

"那就好了，也该让他收收心了。"

"是呵，这些年我出国留洋，最担心的，还是小弟将来的前途呵！"

"好呀，明天我就找几本德文课本出来，也好让他趁早抓紧复习复习……"

殷夫在《春》一诗中低吟道：

春，带着你油绿的舞衣，
来吧，来弹动我的心弦！
我的心已倦疲，
我的创伤十分深陷，
我久寂的心弦望你挥弹。

鸟，带来你婉转的歌簧，
来给我一个激励的歌唱！

我的泪泉已然枯干，
我的感觉十分麻顽，
我盼你的歌声复活我的情感！

水，带来你青苔下的水仙，
来给我一个沉醉的良夜吧！
我的手，疯瘫，
我的血，迟缓，
我求你给我一个生的灵感。

春，带了舞衣、水和鸟，
姗姗地踏遍了人间。
没把我心弦挥弹，
没把新泪泉复还，
也没给我一个生的灵感。

死，那末你带尖刺来，
来给我最后的引渡吧！
我的心，疲怠，
我的生，十分枯干，
求你来，来给我慰安！

# 第二章　同济学运翘楚

## 十

象山城隍庙隔壁徐家宅第，厅堂间里，餐桌上已摆上了好几盘鱼肉菜肴。

徐老夫人正轻轻抚摸着刚出狱回乡的爱子殷夫双手："阿白呵，现今你也不小了。心可不要太野哦，你这年纪，还是读书最要紧呐！"

阿姐徐素韵接过母亲的话："你不会学乖点吗？这段时间，人家散的散，跑的跑……你倒好，还拼命往里钻。真担心死你啦！"

刚出狱的殷夫，颇含歉疚地笑了笑："这关键时期，我哪能做缩头乌龟闷声不响呢？……我是大家同学选出来的学生会干事，我总归要为咱们学生会做点事情吧？"

"你爹去得早，阿白你小小年纪出门在外，还是要多听听你大哥的话哦！……来，这些菜都是你喜欢吃的！……好吃就多吃点。"徐母边夹菜边劝说道。

殷夫在《给母亲》一诗中写道：

我不怪你对我的一段厚爱，
你的慈恺，无涯，
但我求的是青春的生活，

因为韶光一去不再来。

…………

但现在，我也有新的生命，
不怕浪漫的痴情再缠萦心庭，
在深夜山风呼啸掠过，
我聆听到时代悲哀的哭声。

此后，我得再造我的前程，
收回转我过往的热情，
热情固灼燃起青春旧灰，
但也叫着我去获得新生。

## 十一

1927 年 9 月，殷夫凭借来的“徐文雄”的高中文凭，考入了同济大学德语新生院。

1907 年起始由德国人开办的同济大学，历经了多年的政局变动，经费略显艰困，1927 年，正遇上改为国立大学办学体制。在时任国民政府大学院院长蔡元培的大力扶持下，经费较前显见充实，学校设施完善不少，教师水平也提高不少，是中国最早开办的七所国立大学之一。

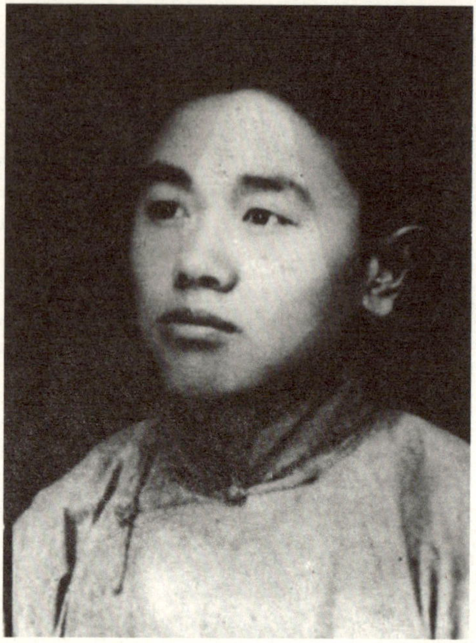

殷 夫

同济校园里整齐清洁、人影婆娑。在一幢有着许多优美大窗棂的校舍前，近百名新生，在老师干练的指挥下，全体师生排成了五排，由一名摄影师用落地滚轮式专业照相机，终于拍下了一张 1927 年德文补习科近百名师生的集体大合影照，其中就有当年首开“女禁”招收的两名女生。

一名中年老师，正在给刚进校的新生们，进行入学教育……

一名年轻的老师又带着殷夫等新生们进到工科实验楼里参观。

一间实验室里，一名教工模样的年轻人——佟良，带着同学们在做化学实验……试管，烧瓶、蒸馏管，液体在混合，化学反应在进行中，新的物质正在生成产生中……

# 十二

不远处一座教堂的钟声，当当地在晚风中持续飘荡……

同济大学学生宿舍里。殷夫和同舍的几个同学坐在椅子和上下床上，正议论着《少年维特之烦恼》，一本由德国大文学家歌德创作、中国著名作家郭沫若译的书信体小说。

同学陈元达："这部小说，我看过。写得真好！把一个热血青年的烦恼、憧憬和内心苦闷，活灵活现地都刻画出来了！……"

同学王顺芳："是呵，这部小说的艺术魅力，就是突现出真、善、美的和谐统一。对当今——我们中国的年轻人，也能引发起强烈的思想和感情的共鸣！……"

1928 年，德文补习科学生，第三排右四为殷夫，右七为陈元达烈士。

附属中学教学大楼

殷夫："虽说是小说，但读起来通篇都洋溢着浓郁的诗意，故事的情节、人物的举止行动，环境的描述，都蒙上了一层奇异的、栩栩如生的诗意的色彩！……"

殷夫在《放脚时代的足印》中写道：

春给我一瓣嫩绿的叶，

我反复地寻求着诗意。

希望如一颗细小的星儿，

在灰色的远处闪烁着，

如鬼火般的飘忽又轻浮，

引逗人类走向坟墓。

我有一个希望，

戴着诗意的花圈，

美丽又庄朴，

在灵府的首座。

年轻教工佟良敲门进来：“徐文雄同学，有封急信！”送完信又匆匆离去……

殷夫拆开信，看后，即低声对陈、王两同学说道：“组织上通知，今晚沪东‘工学会’安排有一次交流活动，我们快点吃晚饭，马上就赶过去参加吧！……”

## 十三

暮色晦暗，繁华都市角落里一个破败拥挤的贫民窟。

世代做工的佟家小屋里，一个戴便帽的中年男子，他就是地下党工运负责人袁雪松。正主持沪东“工学会”，十来个工人师傅和学生代表在开会。

一个粗犷的黑脸汉子：“一进厂门，这一百多斤就算卖给老板了。想宰想剐，就随他们的便啦！”

一个老年工人怨叹道：“天天从鸡叫做到鬼叫，这苦日子，几辈子也难熬出个头来呵！”

一个中年工人：“背上的麻包重得要死——两三百斤，手里的铜钿轻得要命——四只角子。”

一个抱小孩的妇女：“上茅房要恭签，出厂门要抄身，女工怀上了小孩就会被开除……”

佟妈妈接上话茬：“哪能不开除？老板就想着赚大钱，想让我们工人都变成‘铁脚、马眼、神仙肚……’”

“妈的，这帮天杀的！真是吃肉喝血，还不吐骨头呵！”那黑脸汉子一拳砸在矮桌上，震得杯壶乱跳……

袁雪松坚毅地说道：“我们不只是争工资、争时间，我们是争自由、争人权！……倘若我们再不起来斗争，我们则将永远不能享受到做人应有的权利！……”

殷夫在《上海礼赞》中写道：

你现在，是在腐烂，
有如恶梦，
万蛆攒动，
你是趋向颓败，
你是需经一次诊探！

你是中国无产阶级的母胎，

你的罪恶，

等于你的功业，

你做下一切的破坏，

到头还须偿还。

“五卅”，“四一二”的血不白流，

你得清算，

你得经过审判，

我们礼赞你的功就，

我们惩罚你的罪疣。

## 十四

学校宿舍里，桌上座钟指针指向晚上十点。殷夫在室内踱步，眼中泛着激愤的神情……

坐在一旁的同学王顺芳：“工人们的命运真是太困苦啦！”

殷夫蓦地站定：“对！我要为劳苦的无产者写一首‘劳工颂’，向他们致敬！”

马蹄表时针指向午夜一点。一束用纸罩住的昏黄灯光下，殷夫正伏案写作。

钢笔在稿纸上快速疾行……写了几节，殷夫情不自禁地吟诵起来——

疲劳的工作，不足的睡眠，

坏的营养——把他们变成木乃伊模样。……

王顺芳和陈元达两同学抓紧时间，刻印新一期由学生自办的油印文艺刊物《漠花》……

朔风凛冽，工厂大门外，殷夫与同学陈元达、王顺芳一起，向下班的工人分发油印的文艺刊物《漠花》中的诗页传单，反响似乎并不如预期之好……被工人丢弃的诗页传单在地上翻卷而飘去，

殷夫伫立在朔风中，眼神凝重……

殷夫在《一九二九年的五月一日》一诗中兴叹道：

疲劳的工作，不足的睡眠，

坏的营养——把他们变成木乃伊模样。

他们像髑髅般瘦孱，

他们像残月般苍黄，

何处是他们的鲜血、青春……

是润着资产阶级的胃肠。

他们、她们默默地走上，

哲学家般地充满思想，

这就是一个伟大的头脑，

思慕着海底的太阳……

## 十五

1928年元月一天晚上，殷夫读到了一本《太阳月刊》的创刊号，这是由蒋光慈，钱杏邨、孟超等革命作家创建的太阳社所创办的新文学杂志。在他的思想中引起了强烈的共鸣，心情异常激动。他用了整整一个晚上的时间，一篇不漏地仔细拜读了杂志里的全部文章，还不舍得漏掉文章中的每一句话、每一字！

他看完杂志，蓦地产生了要给《太阳月刊》投稿的迫切冲动。他把自己前一年在监狱里写成的叙事长诗《在死神未到之前》找了出来，认真仔细地改动了几处，又用稿纸抄写了一遍，并附上了一封自我介绍和作品说明的信，随即将诗稿投寄给了《太阳月刊》编辑部。

《太阳月刊》负责人钱杏邨接到诗稿后，为作者险象环生的经历所震撼，也被这“充满着热烈的革命感情”的诗篇所激动，并从作者来信里悉知作者也是个“革命同志”，于是随即复信约殷夫来见面详谈。

不久，在四川路上的一家广东茶座里，钱杏邨与殷夫进行了一次“惺惺相惜”式的促膝长谈。

殷夫细声低语地讲述了自己上一年坐牢及现今大学里及与大哥关系等许多

具体情况。

钱杏邨也告之了创建“太阳社”之初始宗旨，他与蒋光慈、孟超等一行人——在反对国民党政府的文化围剿，倡导无产阶级革命文学方面，要发挥积极作用。竭力提倡“力的文艺”，要“粗暴的叫喊”！为新生稚嫩的无产阶级呐喊助威，努力促成普罗文学的全面高涨；要“暴露黑暗”和“创造光明”。要唤醒劳苦大众，推翻不合理的社会制度。

三月份，殷夫正式加入了“太阳社”，成为这个倡导无产阶级革命文学团体中的一员骁将。

四月一日，殷夫的五百行长诗《在死神未到之前》，在《太阳月刊》四月号上刊出。这是殷夫诗作在公开刊物上的第一次正式发表，署名“任夫”。

“太阳社”对殷夫的创作道路和人生道路，产生了深刻的影响。为他走上现实主义的文学创作道路奠定了坚实的基础；不久殷夫又由共青团员转为共产党员，党组织关系隶属中共上海闸北区第三街道支部。

殷夫有首《我们初次相见》的诗，隐喻地记下了他与钱杏邨的那次会面：

我们初次相见，
在那个窗的底下，
毵毵的绿柳碎扰金阳，
我们互看着地面羞羞的握手。

我记得，我偷看看你的眼睛，
阴暗的瞳子传着你的精神，
你是一个英勇的灵魂，
奋斗的情绪刻在你的眉心。

我记得，我望望你的面颊，
瘠瘦的两颐带着憔悴的苍白，
但你的颧下还染着微红，
你还是，一个年青、奋发。

我记得，我瞧见你的头发，
浓黑的光彩表征了你丰富的情热，
我这般默默地观察，
我自此在心中印下你的人格。

## 十六

夜幕中，殷夫正在简陋的工人夜校教室里，给工人们上文化课。

外面遽然响起“着火啦！着火啦！快救火呵！……”及一阵杂乱的破锣破盆的敲击声……

殷夫和工人们迅疾冲出夜校，朝着火的那间破窝棚奔去……

因缺少消防水龙，风大火旺，那间破旧寒碜的小窝棚没多一会，就被火舌吞没……

一个小女孩扯着母亲的衣襟哭道："妈妈，今天我们睡哪里呀！妈妈……"

那女人已头发散乱、满脸血污，垂下她那双惊恐失措、呆滞无助的眼睛……

佟妈妈心酸愤懑地抱起还在抽泣的小女孩："英子妈……还是先到我们家去挤挤吧。"

英子妈抬起头望了眼佟妈妈，随即又掩面而泣。

有个老工人叹道："这帮狗东西，硬把穷人往绝路上逼呵！"

殷夫问身边的佟兰："这家人怎么啦？"

佟兰愤愤地："把人家男人抓去杀了，还不够……竟然还要把人家女人卖到堂子里去，人家不去，今天竟敢做出这种丧尽天良的事情来！"

"怎么，他们连最起码的一点人性伦理都不顾了吗？"

有个粗犷汉子拉开衣襟喊道："妈的，老子现在就找他们去算账！"

殷夫也忍不住喊道："对！走——找他们算账去！"

"怎么——想一拳砸出个太平世界？"一个穿长衫的中年人出现在粗犷汉子前面，他就是地下党工运负责人袁雪松。

那粗犷汉子站下了，又蹲下身去，"嗨！"一拳在泥地上砸出一个浅窝。

殷夫看看那汉子，又对袁雪松问道："怎么——难道这事就这么算了？"

“不！”袁雪松坚毅地说：“血债迟早总是要清算的！但决不能鲁莽瞎撞哪！”

殷夫在《伟大的纪念日》一诗中呼唤道：

纵然，冷雨的飞沫翻腾，
在我们，这是血波的汹涌，
纵然，凄风的锐剑刺骨，
猛烈的火焰煽起在我们胸中。
…………
虽然我们的血又和泪水泛滥，
虽然我们的骨又堆积高如山，
但这是我们永久的纪念日，
这是我们流血的礼拜！

没有血水的灌溉，
光明火种不会灿烂，
没有风雪的冬宵，
新春的温阳永难到来……

# 十七

1928年初，日本帝国主义趁北伐军与奉系军阀张作霖厮杀混战之机，召集紧急内阁会议通过了“第二次出兵山东案”，借口保护日侨，从而派遣军队大举入侵山东省，对中国肆无忌惮地再次进行武装侵略。

自5月1日起，日本军队擅捕中国士兵，收缴中国军队的枪械……日本侵略者甚至公然破坏外交惯例，冲进国民政府战地政务委员会外交公署，将山东交涉员蔡公时及署内全体职员捆绑后，极其残忍地用刺刀将蔡公时的耳鼻舌削去，又挖去眼睛，然后用机枪射击，蔡公时、张麟书等十七人惨遭杀害。蒋介石却下令北伐军“忍辱负重”，撤出济南，绕道北伐。但日军并没善罢甘休，气焰更加嚣张。日军师团长还向蒋军发出“最后通牒”。8日下令重炮攻城，11日济南陷落。

令人发指的是日兵进城后，奸淫掳掠、无恶不作，甚至将街上市民驱赶至一处，做刺杀目标取乐。数百名来不及撤出的伤员也被全部屠杀。据国际红十字会济南分会统计：“济南惨案”死亡6123人，伤1700余人，财产损失2957万元。

日寇的暴行激起了全国人民的愤慨，上海各界市民纷纷举行了声讨抗议活动。消息传到同济校园内，广大师生群情激愤，竭力主张举行声援山东济南市民的示威游行，强烈抗议日寇的暴行。

六月，殷夫依旧没有听从哥嫂的劝诫，仍因积极组织参加同济大学学生声讨“济南惨案”举行三天罢课示威游行而第二次被捕。

一九二八年初夏。殷夫的阿姐徐素韵，回家乡当上了象山县立女子小学的校长。

她多次邀请在杭州省女子桑蚕讲习所的好同学盛淑真来象山，帮她一起办学。不久盛淑真爽快地答应了。

入夏，徐家母亲、大嫂、阿姐叫了轿子，把盛淑真从白墩码头抬到徐家，全家都挺高兴。

此时，殷夫也经大嫂张芝荣托人情面子千方百计帮助营救，终于得以从监狱中第二次保释出狱。

组织上考虑到殷夫与王顺芳、陈元达的安全，决定让他们同济三人组一起转移至象山丹城，到阿姐徐素韵办的女校教书暂避。

至此，殷夫教自然、地理两门课，陈元达教国文、历史，王顺芳教算术……开始过起一段滨海小城乡间学堂的“小学教员生涯”……

被称作“象山双目”之一的西寺，大名叫“等慈禅寺”，是浙东地区的佛门圣地，算来已有一千五百多年的香火纪录……

因为女校就靠在西寺旁，所以殷夫和王顺芳、陈元达等男老师就一同借宿在西寺，一日三餐，上课备课则都在女子小学。殷夫等与同校的盛淑真等女老师也仅仅保持着等距离的普通同事关系……

殷夫在《呵，我爱的》一诗中抒写道：

古刹的钟声，混淡，
她的发香，似幽兰；
我们同数星星，
笑白云多疏懒。

看，她有如仙嬛，
胸中埋着我的情爱，
呵，我的爱是一朵玫瑰，
五月的蓓蕾开放于自然的胸怀。

# 第三章　避难回乡支教

## 十八

象山县的第二高峰——珠山。山顶上有一块岩石，形圆如珠，山高百余丈，故名珠岩山。

周末假日，校长徐素韵常带着全校的年轻教师们，兴致盎然地去登山野游。

海港渔乡，东临大海，波涛浩渺，直连天际，气象万千；阳光和煦，爬上山顶视野开阔，他们极目四望，山上四处林木葱茏、溪水叮咚。山那边又是峰峦起伏、云蒸雾绕，一派郁郁葱葱的丘陵景致。

殷夫在《给——F》一诗中抒怀：

在珠山的绿荫下，

依旧醴泉溜过白石，

只是你的小脸，

何时再与我同映一次？

盛淑真脸庞红润，她情不自禁地抚了下自己的脸颊，娇羞地一笑："真没想到，象山这里的风景，竟有这么的漂亮！……山清水秀、海天一色，听人家说，这村里乡间还有许多有趣的故事呐……”

阿姐徐素韵挺自豪地说：“不错，不错！象山这里要山有山，要水有水，要海有海，景色真的很美呀！……你们要想听什么山海经的故事，什么‘情侣岩’的故事……我阿白弟记性比我好，父母亲给他讲的也多……所以你们可以缠牢他，让他给你们讲讲嘛。”

殷夫在《星儿》一诗中写道：

我们手携手，肩并肩，
踏着云桥向前；
星儿在右边，
星儿在左边。

霞彩在向我们眨眼，
我在你瞳仁中看见，
——我要吻你玫瑰色的眼圈，
这次你不要躲闪。

云雀的歌儿清甜，
像飞散的红线，
撩动着，
把我心门摇开。

殷夫和盛淑真等几个年轻教师，坐在珠山林间小道石条上休憩……

有个女教师提议道："白先生，听你阿姐讲，你肚皮里有许多象山老家的好听故事，能给我们讲几个吗？"

殷夫爽快地应道："小时候我常骑在毛驴背上，跟着父亲到珠山上来挖草药。父亲常给我讲一些关于象山民间流传的有趣故事，好多故事我到现在也还记得！……

"譬如有个'珠山白毛尖茶'的传说故事，讲的就是古时候，珠山脚下有个叫'珠妹'的姑娘，年幼时父母就因病双亡，之后她跟着年迈的老婆婆一起过着穷苦人的生活。……"

殷夫从老婆婆不幸患眼疾，眼看要瞎掉，讲到珠妹心急火燎到处求医，求到一位银髯飘逸的老中医，告之珠山顶上有株千年老茶树，若能采到此茶树长毛的嫩芽熬汤喝下，眼疾定能痊愈……

珠妹不畏艰难，吃尽千辛万苦历经种种磨难，不仅找到了那棵千年茶树，并在隆冬季节细致呵护古茶树……最后她解开衣襟，用自己少女胸膛的体温催发了千年茶树发出了嫩芽……天公不负有心人，采下茶树嫩芽煎服，终于治好了老婆婆的眼疾……从此以后，每当春分时节，这棵珠山千年古茶树就会纷纷抽出嫩芽来，而且叶片上都长有细短的白色绒毛，经炒制后，即为有名的"珠山白毛尖茶"了……

殷夫讲的这个民间故事，委婉动人，让盛淑真等几个年轻教师听得眼圈都发红了，眼里还泛着点点泪光……

殷夫在《在一个深秋的下午》一诗中感慨道：

沙鸥和爱的轻歌徜徉，
初起的金风带来缥缈的梦魂，
投在那颗雪珠似的水沫上吧，
在藻叶荫下建筑我的坟茔。

我幻见一朵五月的玫瑰开了，
姑娘，你当时若真说：“跳！”
带着我爱的辽遥的幽音，
我投到在屈子的怨灵。

## 十九

傍晚，夕阳染红了河水，一座高架的石桥上，倚靠在石桥栏旁两个年轻人的身影……

盛淑真：“真要好好谢谢你，帮我改好文章，还投送到报社正式发表了，对我一个女生来说，这真是一生中一次莫大的盛事呵！……”

殷夫：“那还是你的文章本身素材好，我只是帮助作些小改动而已。”

殷夫在《给——F》一诗中又写道：

西寺的高桥边，
长松依然辉映着夕阳，
只是我得何时，
再在此醉你幽香？

爵溪的黄砂十里，
依然是平坦无际，
只我得何时，
和你共作球戏？

哟，姑娘哟，往事重提，
愈想愈有深意，
旧创再理，
刺心的苦痛怎禁得起？……

西寺响起晚课的祝祷声，暮鼓晚钟声中，有他俩互诉衷肠的身影……

盛淑真："真想不到，你还被关进过死牢！"

殷夫感叹道："是呵……同室的牢友们，好多都被枪杀了。像我这样，能活着出来的人，真是极少的……"

"在那里面，你害怕过吗？"

"怕？！……刚进去时，我浑身打寒颤……想到我的青春就这样夭折了，一切将随风飘散……真想好好痛哭一场……我对人生还那么留恋，特别思念家里的亲人……想着，想着，眼泪就不由自主簌簌地掉落下来……”

“后来呢？”

“后来，有一副壮实的臂膀把我紧紧地抱住……此后，我觉得心暖和过来了，就没有再哭过……”

“那人是谁？”

“哦！那是个男子汉！发电厂的老马师傅，上海三次工人武装起义的工人代表。还在闸北天通庵火车站攻坚战中受过伤……”

“是个工纠队员？”

“嗯，所以被国民党蒋介石抓起来，严刑拷打也不屈服，执行死刑被砍头，头颅砍下来还被挂到电杆上好几天。”

“太惨无人道了。”

“我从他那里，学到了许多革命的真理和做人的道理。”……

## 二十

年轻教师们才华横溢又充满活力，课余时间，殷夫和王顺芳、陈元达等，除了爬山下海，还会去白墩、爵溪，做农村调查，时而还撰写一些农村调查报告。

其间他们又发动组织学生，排练话剧《柏林之围》。

《柏林之围》是根据法国小说家都德同名短篇小说改编的一出话剧。剧情以1870年的普法战争为背景，歌颂了民族救亡的人们。

经过几个月的精心准备和排练，在秋收之后，他们大费周章地在学校的大操场上搭起戏台公演，这不仅活跃了乡里渔村的文化生活，更向学生和社会民众进行了爱国主义教育。

剧中儒弗上校这个法国老军人的角色，也由女同学来扮演。虽然师生们的化妆和舞台表演技术都不甚高明，但前来观看的乡民群众却兴致很高，把学校的大操场挤得个人山人海、熙熙攘攘，场面十分热烈火爆……

殷夫的姐姐、女校长徐素韵忙前忙后地招呼张罗，累得嗓子都嘶哑了……

她的丈夫，象山县教育局长蒋殿英也热络地陪同几位县里的要员坐在前面兴致勃勃地观看……

后台，盛淑真和其他两名女老师当仁不让地担任起化妆师，正忙不迭地为小同学们扑粉补妆，弄得满头大汗……

殷夫和王顺芳、陈元达等几个老师也在后台，充当导演、音效、布景道具、舞台监督等一揽子杂务……

殷夫正认真细致地，在一张转动着的黑胶唱片上，轻柔地放下唱机头，扩音喇叭里及时播放出舒伯特的《军队进行曲》……

伴随着乐曲的节奏还有殷夫和王顺芳、陈元达等几个老师在后台精心模拟出来的，行军队列笨重的步伐声和军刀的撞击声还有一阵阵敲击小铜鼓整齐的音效模拟声……

随后，舞台中央，一个身材高大的穿着军装的老军人惨厉地大声喊道：“快拿起武器……快拿起武器……普鲁士人快打进来了！……”

这时，舞台上那个病重的老军人挥动着手臂，踉踉跄跄，最后全身笔直地倒了下去。这一次，法国上校儒弗终于死了。

全剧终了，幕布徐徐拉下。大操场上的观众们响起了掌声，掌声持续响了很久……

演出获得很大的成功，殷夫如释重负，孩童般轻松地笑了……

殷夫在《致纺织娘》诗中叙说道：

去吧，日光在运行，
你的同伴在丰草中织纺，
萤火的舞群，幽虫的乐队，
正等着你——他们的新娘。

别辜弃了你的青春，
丝萝床中正等着你的情郎，
渴着你的热情，
饥着你的火吻印贴唇上。
…………
别了吧！你这柔心的姑娘，
我没有血、心，或者希望，
祝你鼓着翅翼，
重飞起把你的同伴追上。

沥出你血液和勇猛，

发扬你高亢的歌唱吧！

把孱瞌着的地球，

用情热的火来震荡吧！

## 二十一

殷夫与年轻的教员同事们，热衷于抽空去做农村调查，为此他们经常跋山涉水行走在象山农村的乡间小路上。

但通往西寺的小路旁，有一个比大徐村南头汤家店还要高大的“孩儿塔”。

的确，那是殷夫长大后最想避开绕过的地方。因为那里有一个远近闻名、令人闻之色变、毛骨悚然的“恐怖之地”。

那里，有成群的乌鸦在塔顶上盘旋低飞。还时常见到妇人悲恸啼哭，扔掉死婴的凄惨情景。

那个四方形的孩儿塔后面，开着一个黑洞洞的塞死婴的口子。那个“阴森森的口子”，恐怖地吞噬掉了成百上千个生下来就是死的、产后病死的、饿死的、冻死的幼小生灵、孤小幽魂……

记得小时候殷夫曾好奇地远远地张望这“幼弱的灵魂的居处”“被遗忘者的故乡”，脑海里不由自主地会回响起昔日大人们戏谑吓唬孩子们那些言语、故事……

触发他无限的忧伤、悲思和遐想，不止一次地反复思考未来社会和人生命运，因此往往也就一夜无眠。

有几次，殷夫与同事们争论探讨过旧中国婴儿死亡率极高的原因：

“俗话有‘七天风，八天扔，出天花死了’的说法，即婴儿生下七八天常会生病死去。熬过这一关，还有出天花或麻疹的大关也很难挨过。”

“医药科学知识贫乏，乡村里缺医少药。未满一岁的小孩更是危险年。小小囡体弱多病，做母亲的往往会用红布条，别上绣花针扎婴儿的耳朵，一定要‘一针见血’，见到血珠后，即用此血涂额，兴许是起到些驱邪避祟的祈愿作用吧。”

“产妇临盆接生不科学不卫生，用把锈剪刀，消毒不彻底。”

“迷信拜佛，有病不求医，却去问巫医、神汉、神婆、和尚、道士。这样的蠢事，何时才能终止呢？”

殷夫在《孩儿塔》一诗中痛楚地吟道：

孩儿塔哟，你是稚骨的故宫，
伫立于这漠茫的平旷，
倾听晚风无依的悲诉，
谐和着雅队的合唱！
呵！你是幼弱灵魂的居处，
你是被遗忘者的故乡。

白荆花低开旁周，

灵芝草暗覆着幽幽私道，
地线上停凝着风车巨轮，
淡漫漫的天空没有风暴；
这哟，这和平无奈的世界，
北欧的悲雾永久地笼罩。

你们为世遗忘的小幽魂，
天使的清泪洗涤心的创痕；
哟，你们有你们人生和情热，
也有生的歌颂，未来的花的憧憬。

## 二十二

临近年底，盛姑娘接到一个电报，说父亲为她在浙江省建设厅找了份文员的工作，让她即刻返杭州报到。

临行那天恰逢冬至，阿姐徐素韵按当地风俗，邀请殷夫和他的两个战友，还有盛淑真等几个女老师，一起到徐家吃了顿红豆糯米汤果。

在那晚，殷夫未至。多情而又自尊的盛淑真想起自己和殷夫通了两三年的信，又千里迢迢来到象山，却遭受如此冷遇，忍不住伤心落泪。

盛姑娘并不知道，那个雨夜殷夫也正为对她的深情而伤心流泪……

殷夫有诗《别的晚上》：

天空在流着别意的泪水，
我呵，胸中绞缠怨怼；
但是也罢，
且托着幻想数计我们未来再会。

我生命之筏在时光之波上溜过，
没有谁可给我片刻的留恋，
萍水一般的，
你的别离却赐赠了心的缠绵。

不用说此后难再同登珠山，
我的眼帘也不能燃灼你天真顾盼，
但我有一句话留你：
“你第一个勾引起我纯洁爱念。”

姑娘，你别徒流悲哀泪水
眼泪只会增添你胸中的块垒，
向前去呵，
创造去，你幸福的将来。

第二天，天空中依然飘着毛毛细雨。

象山白墩码头，一个挑夫挑着盛淑真两大件行李走在前面；阿姐徐素韵撑着花伞，来送盛淑真回杭州。

徐素韵：“盛姑娘，实在对不住你，我母亲不知从哪里打听到，说你在家已订婚许配了人家，所以不许我再撮合你和白弟的交往。这几个月来，真是太委屈你了……”

盛淑真：“那阿白兄，他自己是什么意思？”

徐素韵：“阿白弟我知道，他对你肯定是很有心的……昨晚冬雨中，你在宿舍里伤心哭泣，他在你宿舍外也陪着落泪呐……今天一早，他本想来送你，但我怕你俩分别时，他会控制不住情绪……是我硬性安排他去代你上课，没让他出来送行的！……”

在缓缓启动的象山至杭州的小火轮上，能看到孤零零的盛姑娘，离别之际那怅然若失的唏嘘神情……

殷夫在《我爱了……》一诗中吁叹道：

我爱了俗人之爱，
我的心好难受，
五月的蔷薇开上她的面颊，
两颗星眼吸我不能回头。

我爱了俗人之爱，

几个深夜不会成眠，
梦中她像棵常绿小草，
长于桃红色的仙殿。

我爱了俗人之爱，
使我尽天忧闷流泪，
因为我已知道，
她的心不复是未放的蓓蕾。

我爱了俗人之爱，
累我无日不悲叹，
担尽了惊悸、忧虑和烦恼，
爱情的苦毒在我肩上磨难。

# 第四章　投身申城工运

## 二十三

1929年初，殷夫更加思念分别很久的同学，战友们，尤其是失去联系的党组织。

但囿于经济能力，返回上海学习生活之事，迟迟未能成行。

经过去年营救出狱之事，大嫂这边是不能也不愿再资助他外出了；多亏阿姐素韵帮忙，费心尽力为他张罗筹措到一笔盘缠，终于使殷夫在过了春节后，能登上从象山开往上海的轮船。

在离开西寺老家与慈母道别时，母亲依然紧紧地握着他的手叮咛道：“你爹去得早……一切你自己要稳重、要小心！”

殷夫到了上海之后，一面在浦江两岸寻找朋友同学，同时又抽空动笔给盛淑真写了封信，信中，对她在象山所受的委屈深表歉意，望她能原谅他，并能重叙友情……

殷夫在《旧忆》一诗中感怀道：

你有如茅蓬中的幽兰，

纯白的肌肤，

如天使的花环，

你的幽香，战栗于我灵魂的深关……

天！
逝光难再！桦林下同坐闲谈，
冷风中默向红炭，
模糊、朦胧，
和梦一般。

姑娘，纯情不能死亡，
赤忱不易消散，
你今在天涯，
还在地角，还……？
且由我祝祷，
愿我俩同梦珠山。

接信后，盛姑娘冰释前嫌，马上提笔回信，二人又恢复了连续保持多年的通信联系。

虽然盛姑娘回杭那天，殷夫因家里阻拦没能去码头送别，但事后却缠绵悱恻，其间所创作的诗篇情意真切可谓感人至深，无疑也深深打动了盛淑真那颗少女之心。

## 二十四

清晨，殷夫和袁雪松漫步在黄浦江畔。

江中几条破旧的木船由船工吃力地摇过……码头上，已传出“苦力佬”扛棉花包过跳板，那时而哀怨低沉时而又整齐有力的号子声……

殷夫：“老袁，如果党组织信任我的话，我请求把佟良留下的工作，交给我来接替完成吧！”

江浪起伏，一抹阳光从云层里洒下。

袁雪松：“这个困难时期你能主动出来担当重任，这当然很好！……不过，考虑到你大哥对你的管束要求，真不忍心影响你大学的学业呵。”

殷夫坚毅地：“我大哥已经去德国军校留学了，他做他的高官……我等庶民，还是走自己该走的路。”

“这可是一个重大的人生选择呵！……毕竟是有着真实的血缘关系，大哥对你又是有救命之恩的……那能想断绝就能断绝的了呵？”

“虽然我们兄弟俩情谊很深，但走的不是一条道……迟早总归会分道扬镳的。”

袁雪松语重心长地：“从一个阶级转向另一个阶级，可不像跨一道门槛，关上一扇门，那么容易呵！”

殷夫目光炯炯：“请党组织相信我的政治信仰和坚强意志，我会在实际斗争中经受住时间考验的！”

袁雪松一把抚抱住殷夫的肩头：“我相信你，一定是好样的！”

舒展深情的音乐似江水滔滔、奔涌东流。

宽阔的江面，波光潋滟、长风浩荡、千船竞发……

殷夫在《意识的旋律》诗中呼啸道：

南京路的枪声，
把血的影迹传闻，
把几千年的塔门打开，
久睡的眼儿自外探窥，
在群众中羞怯露面，
抛露出仇恨，隘狭语箭！
实际！实际！第三实际！
“科学”旋律迫至中央C。

呵，高音的节奏，
山高的浪头！
《月光曲》的序幕开展，
宏大巨波起落地平线！
碧绿的天鹅绒似的波涛，
在天边，天边，夹风怒嚎！
卷上昆仑的高原，
振动满缀石窟的长城！

愤怒的月儿血做地放光，

叛逆的妖女高腔合唱！

流血，复仇，冲锋，杀敌，

新的节拍越增越急！

……

金光，金光，金光！

手下生出了翅膀，

旋律离了键盘，

直上，直上天空飞翔，飞翔！飞翔！

## 二十五

“五一”前夕，警察全部出动了。全上海就好似一条毛毛虫，通体遍身都长出了刺角……

外滩汇丰银行大门口的一对铜狮子，市警察局门前的石狮子一个个都虎视眈眈、闪着逼人的凶光。

华租两界交接处，铁栅栏门已关上。一个中国警察正为一个外国巡捕“三道头”点烟，火光一闪一闪……

从一爿敞开的小印刷厂门里透出灯光，并传出机器转动的轰隆声……

两个巡警走进店门察看，看看这里有没有异常情况。

只见印刷机嘎当嘎当地转动着，几个工人正紧张地忙碌着，扛纸、排字、拼版、操作印刷机……

两个巡警转了一圈，看不出什么异常情况，就慢慢走开了。

一个工人把门掩上，另一个工人用长竹竿捅了捅房顶——夹层阁楼的地板。

门窗遮掩严实的阁楼里挤了不少人。

围着幽暗的灯光，袁雪松、殷夫和一群工人们正在开会部署“五一”全市的示威斗争……

袁雪松神情严肃地说道：“要让工人弟兄们都明白，明天的‘五一’示威，是全市总同盟罢工的统一行动，是我们无产阶级大众的誓师大典……”

一张张黝黑的工人的脸上，都显出既紧张又兴奋的神情……

袁雪松压低嗓门庄重地说：“无疑，敌人是会严密戒备、出动武装警力的。所以我们的队伍要像铁一般的纪律和钢一般坚韧意志，要勇敢地表达我们工人的心声，夺回我们自己的‘五一’……大家对行动计划还有什么意见吗？”

他目光炯炯地环视一圈大家：“那好，会就开到这里，大家都分头去行动，抓紧准备吧！”

走上大街的开会人，精神抖擞地挂着一抹浅浅的微笑，

有人在低声呢喃着：“明天——明天——”

殷夫在《May Day 的柏林》一诗中呼喊道：

我们严肃的队伍，

开始为热烈的波涛冲破，

袭击！袭击！
愤怒的信号在群众中传播。

好像铁的雨点，从云端下落，
一阵紧迫一阵，宪兵的马蹄敲着路道，
向，向着我们迫近！
迎战哟！我们的队伍，为勇于迎战的热情，
开始突破了行列，
满街，瞧！都是我们在狂奔！

# 第五章　左联文化先驱

## 二十六

一九二九年五月一日，惨白的路灯光收尽了它的残辉，都市从破晓的黎明晨光中渐渐显身。

矗立的楼厦；伟长的电杆；锯齿形的厂房屋顶，冒着黑烟的烟囱……能清晰地看到墙上刷上的白色标语——

“从此不再做牛马，要争做人的权利！”

“八小时工作、八小时教育、八小时休息。”

殷夫手插在裤袋里，正走在去工厂的街上，大街上接踵而行许多的工人，他们交换着一种会心的眼神。

突然怒吼般的汽笛声拉响——厂门被撞开了，里面涌出青色的人群……

汽笛声此起彼伏，组成一曲多声部的雄壮交响乐……

千百双工人的大脚，嗒嗒地疾走在罢工示威的路上。

此间仿佛响起殷夫刚强有力的鼓动诗《一九二九年的五月一日》的齐声朗诵声：

怒号般的汽笛开始发响，

厂门前涌出青色的群众，

天，似有千万个战车在驰驱，
地，似乎在挣扎着震动。

呵哟，伟大的交响，
力的音节和力的旋律，
踏踏的步声和小厮的叫喊，
汽笛的呼声久久不息……

呵，这杂乱的行列，
这破碎零落的一群，
他们是奴隶，
又是世界的主人。

这被压迫着的活力，
这被囚困着的精神，
放着大的号呼了——
欢迎我们的黎明……

满街都是工人，同志——我们，
满街都是粗暴的呼声，
满街都是喜悦的笑、叫，

夜的沉寂扫荡净尽。

呵哟！这是一阵春雷的暴吼，
新时代的呱呱声音。
谁都溶入了一个憧憬的烟流，
谁都拿起拳头欢迎自己的早晨。

“我们有的是力量，
我们有的是斗争，
我们的血已浮荡，
我们拒绝进厂门！”
……
我们的五一祭是誓师礼，
我们的示威是胜利的前提，
未来的世界是我们的，
没有刽子手的断头台，
绞得死历史的演递。

光耀的太阳在城市上空迸发出斑斓的光环；
五彩缤纷的传单像一队鸽群在天空翻飞……
罢工游行的行列，人们挥舞着小旗，发出春雷般的怒吼；

平日劳筋瘁骨的脸上，此刻绽露出胜利的微笑……

在这支洪流里，有我们年轻的殷夫、佟兰，有袁雪松、佟妈妈，还有我们已经认识的那些工人，他们挥动着拳头，高呼口号，行进在全市性“五一”大示威的路上……

几十个黑衣巡警手握警棍，严阵以待地监视着，但他们终究被分割散落在汹涌的游行人潮中……

红色的“飞行堡垒”车发出刺耳的嚣叫声，向游行队伍缓缓地开过来……

又有几排军警压向游行队伍，准备采取暴力驱赶……

一个军警扭住一个工人的胳膊，殷夫赶上去营救、争辩……

边上有个青年工人向军警脸上甩去一包白色粉末，空中霎时弥漫着呛人眯眼的白烟……

殷夫伸腿一脚踹在军警屁股上，那家伙向前面打了个趔趄，青年工人就势逃脱……

不一会，殷夫又被几个军警团团围住，工人们上前营救，但被警棍和盾牌阻挡在外面……

殷夫已被几个军警死死扭住，但他仍还在挣扎、高呼……军警挥舞警棍狠狠敲打徐白的脑袋，殷夫的额头淌下鲜血……

整个画面从上至下渐渐蒙上血雾，一片红色的主基调中：火红的旗帜在愤怒的波涛上跳跃着；游行的人们奔涌着，迎上去呵再迎上前去！

“啪啪啪！——”突然排枪响了——战斗的旋律达到了高潮，流着血的人开始在人群中显现，而且迅速增多……他们的脸上兴奋的汗水与猩红的血液混合在一起，挥手的、倒地的、呼号的……

红色的“飞行堡垒”车嚣叫着，疾驶而去。车后小窗口里，殷夫流血的亢奋的脸……

## 二十七

《奔流》杂志社。鲁迅坐在靠窗的藤椅里，吸着烟，正在审阅近期的来稿，其中就有殷夫的译诗……

看完稿，先生笑着对坐在对面一个留长发、戴酒瓶底眼镜的主编说：“少雄呵，我看这个白莽的译文，译得不错！很有新时代气息。”

柔石：“是呵，能把平常生活译得那么情思化，灵性化，真是有天赋异禀呵！”

“嗯！你看看，能否让他将原版书也早点送过来？”

“好的，我这就写信去讨。”

鲁迅又问道：“对译者的个人的情况，不知你还晓得多少？”

这一下可让柔石打开了话匣似的介绍起来：“哦——他算是我的近老乡，象山大徐村人，排行最末，自幼天资聪颖，备受宠爱。但十岁就丧父，由大他十五岁的长兄，资助他来上海念中学……

“他从小就爱好吟诗弄文，小时候有一年，象山秋天大旱，大徐村村民敲锣打鼓地祈天求雨。此时的小柏庭，不但要红衣绿裤装扮作‘童男童女’，还要即兴作诗对联……凑巧当晚老天爷下起了大雨，从此小柏庭就几乎被村里人诩封为‘神童’……

“自从十四岁写下第一首诗开始，他就一发而不可收，年年月月、诗作不断……‘四一二’后，他曾经被抓进牢里去过，还差一点被杀……后由大哥出面保他出狱，并督促他考上了同济大学德语班学习。去年又加入了太阳社，从此一发而不可收，陆续发表了不少作品，就此成了个职业诗人。”

鲁迅颇感兴趣地笑道：“哦！——这么年轻轻的，倒还是有蛮多故事的喔。”

这时，有个编辑从外面气咻咻地跑进来，将一沓清样甩到柔石桌上，匆忙地边喝水边嘟囔着：“真气人！这次送检，又给砍掉了两篇半文章。……搞不好，这期又要开几个大天窗啦！”

殷夫在译诗《咏裴多菲铜像》中写道：

迷雾下降，星火明亮，
挺立着诗人的铜像，
庄严的花圈围在周身，
他的精神尚有花的热情，沸腾。

千颗泪珠中发微音：
和匈牙利过早，过早离分——
还在青春可爱的时节，
火的情感充着豪气，臂充着力！

洪涛的年份，大的时代，

你是最美的涌出的花瓣，

你的歌是蹂躏者的死耗，

你的歌是我们自由的灵鹊赞文！

……

## 二十八

阴森昏暗的监狱。

牢房里，殷夫协助难友老田，在为一个受伤的难友擦拭伤口……

“不要太悲观了，你这伤口很快就会长好的。”穿着电车公司制服的老田一边替受伤难友整理衣衫，一边宽慰着他。……

“哧啷啷、哧啷啷——”监狱走廊上，两个狱警架着一个刚受过重刑的青年缓慢走过……

殷夫忍不住喊出声来：“佟良——”

号廊上，佟良循声看到了狱窗后的殷夫，他的嘴角牵动了一下，只是无声地微笑着向殷夫点了点头……

殷夫从狱窗里向外伸出手，挣扎着想触摸到他的战友，但佟良已被狱警迅速架走了……

“不许喊叫！不许喊叫！”一个胖狱警吆喝着赶到牢门口。

殷夫："请问刚才那个难友，在几号牢房？"

"老弟，别给自己添麻烦啦！……那可是个重案犯哪！"

"那——你能帮我带封信吗？"

"带信，——你给钱吗？"胖狱警边说边伸出了右手。

殷夫迟疑了一下，立即从衣袋里摸出了两张钞票递了过去……。

开晚饭了，一桶牢饭提进牢房里。那个送饭的趁盛饭的间隙，将一个纸团塞到老田手中……

夜晚，满脸胡楂的老田挪近殷夫："殷夫同志，佟良来信了。"

这样的称呼，这般的亲切，让殷夫感觉有点意外："啊，怎么，你也认识佟良？"

"哦，前两年我们俩一起搞过土制炸药。"老田又转头向难友们："同志们，我来介绍一下，他就是常写革命鼓动诗的殷夫同志！"

"殷夫？""殷夫！"……一双双热情的手伸过来紧紧地握住了殷夫的手。

殷夫的手与心都在发热，他的眼睛有点湿润了……。

殷夫在《呵，我们踯躅于黑暗的丛林里》深叹道：

呵，我们踯躅于黑暗的、黑暗的丛林里！
毒藤绕缠着脚胫，荆棘刺痛了手臂！
呵，我们手牵着手，肩并着肩，
踯躅着，踯躅着，在这黑暗的丛林里。

在这儿，无边、无穷的黑暗、黑暗，
把我们重重地、重重地包围、包围，
我们看不见美丽的灿烂的星海，
我们看不见温热的太阳的光辉。
……
我们是受饥饿、寒冷的所压迫的一群，
苦痛和愤恨像蚕一般地吞噬着我们的心灵，
我们没有欢乐和幸福，也没有叹声，
我们只是手牵着手，肩并着肩，踯躅前进！……

在我们的心里，愤怒的炬火已经燃起，
反抗的垫焰已经激动，激动了我们的血液，
我们手牵着手，肩并着肩，把脚步整齐，
向前走去，冲去，
喷着愤怒的火气！

呵，我们踯躅于黑暗的、黑暗的丛林里！
世界大同的火灾已经被我们煽起，煽起，
我们手牵着手，肩并着肩，喷着愤怒的火气……
在火中我们看见了天上的红霞，旖旎！

# 二十九

夜晚，殷夫在牢房昏暗的灯光下，看着佟良的来信：

“……你能从一个阶级叛逆出来，成为我们的同志，我真为你高兴。想到过去，由于特殊的原因，我们对你的信任不够，这也一直使我感到内疚。希望不久后，我们能见面好好谈谈……”

殷夫的目光移向窗外的夜空，呼吸有点局促……

“革命是艰难的，不能像孙悟空那样，一个跟斗就是十万八千里；革命斗争是残酷的，所以革命者要坚忍不拔地坚守住这道信念底线……”

一个光着上身，露着黑黢黢胸毛的行刑手，从火舌狂窜的铁炉里取出根烧得通红的烙铁，狞笑着，逼向殷夫的胸脯……

殷夫咬紧牙关闭上眼睛，准备受刑。

通红的烙铁烫在殷夫的胸脯上，冒出灰烟……

朦胧中，又响起佟良的声音：“革命斗争是残酷的，所以革命者要坚忍不拔地坚守住这道信念底线……”

“啪！”的一声，眼前重现出徐培根扔在桌上一沓子文件，在办公室里教训殷夫的场景……

“阿白弟，我可特别警告你，不要再跟那帮共党分子瞎胡闹了……等到出了事，你再后悔，就什么也来不及了！”

……

此时又响起殷夫著名的诗篇《别了，哥哥》里那铿锵的告白：

别了，我最亲爱的哥哥，
你的来函促成了我的决心，
恨的是不能握一握最后的手，
再独立地向前途踏进。

二十年来手足的爱和怜，
二十年来的保护和抚养，
请在这最后的一滴泪水里，
收回吧，作为恶梦一场。

你诚意的教导使我感激，
你牺牲的培植使我钦佩，
但这不能留住我不向你告别，
我不能不向别方转变。

在你一方，哟，哥哥，
有的是安逸、功业的名号，
是治者们荣赏的爵禄，

或是薄纸糊的高帽。

只要我，答应一声说，
“我进去听指示的圈套”，
我很容易能获得一切，
从名号直至纸帽。

但你的弟弟现在饥渴，
饥渴着的是永久的真理，
不要荣誉，不要功建，
只望向真理的王国进礼。
……

审讯官挥舞着一叠印刷品，歇斯底里地咆哮着……

行刑手继续狞笑着，残酷地肆意烙刑加害……

殷夫脸色通红、额头上血管膹胀，沁出豆大的汗珠；一阵烟雾飘过，眼前一片模糊……

……天！
逝光难再，
夕照下同坐闲谈，
冷风中默向红炭，

模糊、朦胧，

和梦一般，……

似有晚祷的钟声从远处传来，仿佛又看到：夕阳的余辉，一丛青葱葱的藤儿前面，殷夫和盛淑真并肩蹀躞……

我枕着将爆的火山，

火山要喷射鲜火深红，

把我的血流成小溪，骨成灰，

我祈祷着一个死的从容。

受刑的殷夫，渐渐垂下头去，继而昏厥了过去。……

## 三十

几个荷枪实弹的狱警踏着沉闷的步伐，经过监狱长廊。

一间间牢房的小窗口上，牢友们纷纷凝目张望。

老田望着囚室窗外低声道：“这群恶魔恐怕又要杀人了……”。

“呵！是佟良！”一个囚友叫了一声。

殷夫嗓音发颤惊悚地应声道：“佟良！”

号廊尽头铁栏门前，佟良停步转回头来，举起戴手铐的双手：“同志们，别难过！……共产党人的血，是决不会白流的！”

殷夫的脸紧贴在牢门小窗的铁栏上，悲愤的怒火从含泪的眼睛里喷出……

他的手里紧握着佟良送给他的一枚铜质像章，上面有一只海燕在风浪中展翅高飞。

阴云密布的刑场上，刽子手的机枪声不断，佟良等烈士岿然屹立……

殷夫在《梦中的龙华塔》一诗中呼啸道：

白云看着你返顾颤惊，
雷神们迅速地鼓着狂声，
电的闪刃围绕你的粗颈，
雨般的血要把你淋，淋……

可是你却健坚地发着光芒，
仇敌的肌血只培你荣壮，
你的傲影在朝阳中自赏，
清晨的百灵在你顶合唱。

你高慢地看着上海的烟雾，
心的搏动也会合上时代的脚步，
我见你渐渐把淡烟倾吐，
你变成一个烟突，通着创造的汽锅。

# 三十一

殷夫抱着件旧棉袍，漫无目的地沿着苏州河畔游荡踯躅……

苏州河里黑水灯影，拥挤局促地停泊着许多条破木船……

四川路上，五光十色的霓虹灯不停地变幻闪烁；咖啡馆、跳舞厅里传出一阵轻歌曼舞的乐声；穿着光鲜亮丽的男男女女们熙来攘往，正上演着十里洋场“夜上海”的歌舞升平和靡费奢华……

夜阑人静，没钱住店的殷夫只能枯坐在一家商场的台阶上……

殷夫在《想着她》一诗中低吟道：

想着她，书也难读，
字行中浮沉着她的眼睛。
想着她，哭也难哭，
心的烈火把泪水沸蒸。

想着她，难望故乡，
珠山的回路引到心创——
是榆林的荫影底下，
我曾梦见过伊甸、天堂。

不远处传来馄饨担的竹梆声，又勾引起饥肠辘辘他的食欲来……

他的手习惯性地伸进口袋，里面已空空如也，摸不出一个铜板。

清晨雾气蒙蒙，杨浦区一家工厂的门口，一面招工的旗帜无力地飘着……

已经排起蛮长的一行求工者的队伍。

褴褛的衣衫、憔悴的容颜、显示这是一群挣扎在饥饿线上的失业者，还有两个赤脚露臂、刚从乡下来到城里的农村少年，一面紧挨在一起挤着，一面惊恐地打量着周围的一切……

殷夫也排在这群求工者的队伍里……

他随着队伍慢慢蠕动着，时不时地还掩口咳嗽几声……

殷夫前面一个老工人正对一个穿束胸长裙的朝鲜姑娘关切说道："唉哟，姑娘——这里的活，可不是你这种小姑娘能吃得消的呵！"

朝鲜姑娘朝老人笑了笑，用生硬的汉语说道："不要紧……我，吃得起苦！"

老人继续好心地搭讪道："听说，内外棉厂那里，要招不少女工，你怎么不去那里试试？"

"不！——"朝鲜姑娘迅疾执着地答道："那都是日本人开的厂，我不去！"

"哦——你是高丽人吧？……嗨！真有骨气，有骨气……"老工人一迭连声地赞道。

殷夫也崇敬地望着那位陌生的朝鲜姑娘，又禁不住连续咳嗽起来……

殷夫在《赠朝鲜女郎》一诗中抒写道：

你请放高歌吧，

你胸中不是有千缕怨丝？
你的心不是在酸楚地跳抖？
对着黄浦你该发泄你的悲嘶！
……
女郎，愤怒地跳舞吧，
波浪替你拍着音节，
把你新生的火把燃起吧！
被压迫者永难休息！”

老工人回头又关心起殷夫来：“唉——你是不是病啦？”

殷夫忙说：“不不——我没病……”

老工人叹道：“还说没病呢……看你这样子，怪热的天，还捂着件棉袍子……”

“嗯……”殷夫望了望自己身上的棉袍，不知如何说才好。

工厂小门口跨出一个穿香云纱衫的汉子，对着排队的人群大声喊道：“今天招满了！招满了！”

队伍顿时乱作一团，那汉子大声呵斥道：“挤什么，挤什么！……妈的，穷小子，人都招满了，还挤个什么劲？……都快回去吧！”

沮丧无望的人群叫骂着，渐渐散去……

苍白倦乏疲惫无力的殷夫，缓缓地挪动着步伐，脚上的布鞋也早已破头脱帮了……

# 三十二

1929 年 8 月，鲁迅寓所门外，殷夫在揿门铃。

门打开了，正是鲁迅先生——一个面庞清癯，双眉浓黑，蓄着一撇隶书“一”字形胡子，中等身材的长者。

“啊！是你呀——快进来——”先生有点诧然地望着穿着棉袍、满面油汗的殷夫，操着浓重的绍兴话说道。

“对不起呵，先生！……我这样子来上门，实在让您受惊了……”

“你这是——从哪里过来？”

“哦——我这……不瞒你先生说——是才从牢里放出来的！”

“噢——是这样呵！”先生一面引领殷夫进屋，一面快慰地连声笑道：“能出来就好！能出来就好！……”

楼上，鲁迅先生的书房兼卧室。

先生把殷夫的棉袍挂到衣架上……

只穿旧汗衫的殷夫洗了把脸，说：“没办法，衣服和书籍都叫他们给抄走了，就连先生送的那两本裴多菲诗文集，也落到‘三道头’手里。我想问他们要，也根本要不回来啦。”

“哦——这倒是怪可惜的！那还是我专门托朋友从德国邮购来的……”

先生从书架上取出一叠书刊，说：“白莽兄，这是新近出版的一些书刊，我想你还不曾读过吧？”

殷夫忙接过书来，兴奋地说："在牢里根本看不到书报，可把人给憋坏了！"

"近期来，上海出版的书刊越来越多起来，那帮统治者庇护下的'二丑文艺'也异乎寻常地活跃起来……不过我们这边的一些人，却是不屑于看别人东西的……"先生边抽烟边交谈着。

殷夫因受烟雾刺激，剧烈地咳嗽起来……"怎么，你——？"先生边问边掐灭烟头，又认真地审视起殷夫的脸部和胸部："哦——你这是，受过刑了罢？"

殷夫默默无言地撩起汗衫，露出胸脯上烙刑的疤痕……

先生惊愕凝重地凝视有顷，不胜愤懑地站起，伫立在窗口……

从窗外望进去，这一老一少交谈甚欢，殷夫略显激奋、鲁迅也十分契合……

鲁迅先生夫人景宋，拿着一个黄色纸包进来，先生中断谈话起身接下纸包……

纸包打开了，里面一件浅灰色的新哔叽夹衫。

"来，试试看……还合身吗？"

"哎——这，这怎么可以？"殷夫难为情地推辞着。

先生打趣地劝道："快换上吧！……要不然，你走在街上，又会让'包打听'把你给盯上的……"

殷夫很不好意思地穿上夹衫……

"哦！——是蛮合身的。太谢谢尊夫人了！"

先生又从抽屉里取出一个信封递给殷夫。

殷夫忙问道："这又是？"

鲁迅笑了笑："这二十块钱，是传记译文和诗稿译文的稿酬，你今天来了，正好当面给你。"

"先生，让你先垫付稿费……这，怎么好意思？"

"不要客气啦！本来就是你应得的报酬……现在你又刚出来，急需用钱，正好拿去救救急吧！"

殷夫无奈地笑了，这可是久旱逢甘霖的救命钱哪！他收下信封塞进新夹衫的口袋里，欣悦地笑了……

慈祥的先生望着殷夫，也爽朗地笑了起来……

"坚定地走你自己的路吧！……可别忘了，多写些那种特别属于你的新型的诗章呵！……"

两人握着手，相视的目光久久没有移开……

殷夫在《清晨》一诗中激情地喊道：

清晨洒遍大地，
阳光哟，鲜和的朝阳，
在血液中燃烧着憧憬的火轮，
生命！生命！清晨！

玫瑰般的飞跃，
红玉样的旋进，
行，行，进向羽光之宫，

突进高歌的旋韵。

## 三十三

三伏天，丝厂缫丝车间内，潮湿闷热得就像个大蒸笼……

飞快旋转的缫丝车前，年岁不大的缫丝女工，两只手在不停地接丝，身上的衣衫早被汗水湿透了……

一排沸腾的茧锅前，站着一排八九岁的“打盆工”，她们眼睛发红，眼皮耷拉，手指被沸水烫得红肿，但仍一刻不停机械地在滚烫的茧锅里搅动着茧丝……

一个孱弱的丝厂养成工小德子，被高温蒸汽烤得脑袋一阵昏晕，突然栽倒在地……抽丝车的丝缕一下子挣断了……

一个凶神恶煞的女监工立刻赶过来，用铜铲舀起一瓢沸水，就朝昏厥的小德子身上泼去——

“哎唷！——”被烫着的小德子发出凄厉的一声惨叫……

女监工又继续用铜铲劈头盖脸地乱打一起，小德子头上顿时渗出鲜血……

佟兰和几个女工围了上来：“不许乱打工人！”

“你想把人打死吗？”

那女监工依旧瞪起眼睛：“怎么，你们都吃饱撑着啦？啥辰光轮到你们来管闲事啦？”

佟兰上前责问道：“你没看见，小德子是干活干得晕倒的吗？”

另一个女工：“这么热的天，这种蒸笼房里，就是大人也吃不消呵，更何况她还是这么小的孩子！”

女监工傲慢地笑骂道：“嘿，嘿，吃不消？……生成的穷命，还想偷奸耍滑？老娘就是要来管教管教！”说着举起铜铲还要打……

佟兰怒不可遏，上去一把夺过铜铲……

那女监工发疯似的叫了起来：“好呀！侬这只小浮尸，竟敢惹起老娘来啦！”又伸出鹰爪狂抓起佟兰的头发……

佟兰并不示弱，用力将那疯婆子摔到地上。

那女监工气急败坏地从地上爬起，顺手抓起根铁棍就朝佟兰打去……佟兰机警地把头闪避开，但肩膀上还是挨了重重的一棍，踉跄倒下……

众女工实在憋不下去了，纷纷停下手上的活，大家一拥而上，将那女魔头按倒在地……

那女魔头还在拼命挣扎：“啊哟！那这帮小赤佬，今天想要翻天哪？！”

群情激愤的女工们，索性在她头上套了一条麻袋，你一拳我一脚地狠狠一齐给了女魔头一顿“胖揍”……

那女魔头在麻袋里，活像一只刚挨了尖刀，又垂死扑腾着的猪……

殷夫在《前灯》一诗中呼唤道：

汽笛火箭般的飞射，

飞射进心的深窝了！

呵哟，机械万岁！

展在面前是无限的前途，
负在脊上是人类的全图！
呵哟，引擎万岁！

燃上灼光的前灯吧，
让新的光射透地球！
以太掀着洪涛，
电子的波浪咆哮，
呵哟！光明万岁！

机械前进了，
火箭似的急速，
点，点，点连成长线……
永续的前途，
突进哟！前进万岁！

## 三十四

殷夫来到佟兰家，和佟兰在桌边交谈。

“昨天厂里出的事，丝业工会都知道了。老袁他们都夸你们女工勇敢，有反抗精神！”殷夫赞赏地说道，“不过厂里把你们几个工人开除了，这事情不能就此罢休！工会已经开会研究：

“立即发动全厂工人罢工，要求资本家改善劳动条件，不准无理打罚开除工人……

“今天晚上，在夜校课堂里，工会正式开会布置，佟兰你负责通知一下那几个被开除的小姊妹……”

佟兰兴奋地站起来：“这太好了——我们正想跟他们好好算算账呢！”

殷夫又以怀里掏出一沓钞票，“这里是互济会筹集的一笔救助金，给你们几个被开除的女工，临时救救急吧！”

佟兰不好意思地把钱推了回去：“我们自己会想办法的，哪能让互济会补助我们哪？”

“留下吧！……小德子受了伤，还要买药治疗呢！”

“那好吧，我马上就给她们送过去！”

殷夫在《春天的祷词》中吁叹道：

春风哟，带我个温柔的梦儿吧！
环绕我的只有砭骨的寒冷
只有刺心的讽刺，
只有凶恶的贫困，
我只祈求着微温，
即使微温也足使我心灵苏醒！

我的心不是没有灼热的希望过，
我的心不是没有横溢的情火过，
只是哟，冰般的泪水曾泛遍心田，
剩下的只是现今的一片无垠焦枯。

春风哟，偕着你的春阳来吧！
让我周遭飞跃些活泼玲珑的小鸟，
竟放些馥郁的万紫花儿吧！
即使这只装饰了我心的墓道，
我死的灵魂也给与个陶醉吧！

## 三十五

工会夜校院子里，许多丝厂工人都赶来开会……
佟兰带着头缠纱布的小德子，跟几个已被开除的小姊妹坐在一起……
殷夫站在黑板前的讲台上，一脸严肃、慷慨激昂地宣讲着……

殷夫在《静默的烟囱》一诗中呼喊道：
烟囱不再飞舞着烟，
汽笛不再咽叹着气，

她坚强地挺立，有如力的女仙，
她直硬的轮廓象征着我们的意志！

兄弟们，不再为魔鬼工作，
誓不再为魔鬼工作！
我们要坚持我们的罢业，
我们的坚决，是胜利的条件。

铁的隧道中流着我们的血，
皮带的机转中润着我们的汗水，
我们不应忍饥寒，
我们不应受蹂躏，
我们是世界的主人。

看烟囱静默了，
死气笼住了工场的全身
这只是斗争时的紧张，
胜利时，
汽笛将歌咏我们的欢欣。

工厂老板办公室，工人代表向日本老板和管理人员提出罢工请愿复工的条件……

那个穿米色西装的日本老板，眨着狡黠的眼睛，在转椅上冷漠地皱着鼻子……

一张张被激怒工人愤懑的脸……

中外记者在现场认真采访拍照掌握最新情况……

日资丝厂罢工斗争的消息在多份报纸上刊载披露……

那个坐在安乐椅上看报的日本老板，紧张地不断用手巾拭汗了……

耸立的烟囱冷冷清清没有冒烟……

车间里死气沉沉，听不见往日机器的轰鸣声……

日本老板无可奈何、装出一副慈善同情的样子，终于低头认输，签字答应了复工书上的几点条件……

胜利的汽笛声拉响了，像一曲嘹亮的凯歌奏起……

## 三十六

九月，女友盛淑真如愿考取了“上海女子法学院”，并正式用殷夫替她改的——“盛孰真”这个名字注册入学，并将这个喜讯提前写信告诉了殷夫。

殷夫收到盛的来信后，立即赶到学校去看她，两人笑着握了握手，相约以后可以进一步的加深交往。

盛孰真：“我才到大上海，人生地不熟的，阿白兄，你可要常带孰真，到各处转转，也让我这个戆小妹能早点见见大上海的世面哦！……”

殷夫不好推辞，只能答应道：“好的，我抽空，一定会陪你出去转转的！”

盛孰真高兴地说道：“好呵，那我这里——就先谢过你啦！”

但此后，两人相遇的机会并不算多，有时相会于盛孰真的校舍，有时游玩于靠近同济大学不远的虹口公园和吴淞海滨……

每次相聚的时间不很长，殷夫话也不多，主要是听盛孰真讲讲她们法学院里的事情。

两人走在路上，殷夫还总与她保持一段距离，以防遭遇不测。

有一次是个例外，那是阴沉的一天，他俩散步于街道梧桐树下，殷夫意识到今后见面的机会可能无多，所以一反以往，让盛孰真挨着他走，想与盛姑娘作一次内心衷肠的倾诉，但最终还是没有说什么，又匆匆地分手了……

殷夫在内心深处，一遍又一遍地反复沉吟道：

姑娘——原谅我这罪人，

我不配接受你的深情，……

为了盛孰真一生的幸福与安宁，殷夫最终还是毅然决然地与心爱的初恋情人分手了。

正如殷夫在《跋诗》诗中所低吟道：

离去我的故乡旧村，

我要把我的新生追寻，
把以前的一切殡葬了，
把恩惠仇爱都结来了，
此后我开始在世上驰骋。

我恳求你忘去我，真，
我的影子不值久居你的心中。
今晚我跪着为你祈祝，
我要起程我孤苦的奔程。

## 三十七

一九三〇年三月二日下午，中国左翼作家联盟成立大会，在中华艺术大学底楼中央大厅里秘密召开，深孚众望的进步作家五十多人，济济一堂、人多大厅里站不下，连门外院子里也站满了人……人们的表情严肃兴奋、充满着期待。

鲁迅和冯雪峰、殷夫、柔石、冯铿、胡也频、丁玲等坐在一起，正低声交流着什么。

鲁迅笑着对柔石、殷夫说道："我到今天才弄明白，原来在'拓荒者'上常常发表诗稿的殷夫、沙洛、伊凡，就是我早就认识的小弟你——呵！"

"嘿嘿——是的。"

左联成立大会旧址

“说真的，他的笔名多得，连我也搞不清楚啦……”柔石在一旁也打趣地说道。

殷夫自嘲地应答道：“这都是职业习惯所致啦……”

一道阳光从窗外射进来……鲁迅先生在讲台上做著名的《对于左翼作家联盟的意见》主题演讲——他的讲话如磁铁般把作家们的注意力都吸引住了，大家聚精会神地在聆听……

革命是痛苦，其中也必然混有污秽的血，决不如诗人所想象的那般有趣，那般完美；

革命尤其是现实的事，需要各种卑贱的，麻烦的工作，决不如诗人所想象的那般浪漫；

革命当然有破坏，然后更需要建设，破坏是痛快的，但建设却是麻烦的事。……

我们急于要造出大群的新的战士，但同时，在文学战线上的人还要“韧”。所谓韧，就是不要像前清做八股文的“敲门砖”似的办法。……

台下响起一阵热烈的掌声……

大会最后通过了“左联”的理论纲领和行动纲领；选出鲁迅、茅盾、冯乃超、钱杏邨、田汉等人的常务委员……

中国左翼作家联盟终于在沪宣告成立，出于安全考虑，大家只能轻轻地拍手鼓掌，但是掌声却持续不断……

殷夫在《时代的代谢》一诗中抒写道：

忽然，
红的天使把革命之火，
投向大地！
这不是偶然的，
这不是偶然的！

严坚的冰雪，
覆盖着春的契机，
阴森的云霾，
掩蔽着太阳的金毫万丝。
……
我们要以劳动的圣歌，
在这世界——，
日光耀放，
寒冰流解，——
建筑一座人类的殿堂。

# 三十八

市区一幢大楼前，挂满了彩旗，门口搁着一幅大型海报。

三八妇女节特别庆祝活动

特邀国民党市党部金某某主任演讲

“三民主义与女性解放”

余兴节目：影剧明星精彩客串会演

JOSS 乐队伴奏大型交际舞会

马路旁一辆“黄鱼车”上，剪短发的佟兰正站在高处演讲：“兄弟姐妹们，大家想一想：我们女工一年到头，忍饥挨饿，受尽欺凌压迫，难道就是命中注定、罪有应得吗？……不！这全是骗人的鬼话……”

殷夫站在不远处望着佟兰身影，默默投去赞赏的目光……

“这是因为我们没有觉醒，没有团结，不敢起来抗争。”佟兰坚毅地挥起了拳头：“姊妹们勇敢起来斗争呵！要夺回我们自己做人的权利！我们女工要争取男女工作平等、教育平等、工资平等的权利！”

围在身旁的几个衣衫褴褛的女工们，挥起小旗高呼着：

“工人姊妹们团结起来！”

“争取劳动妇女的彻底解放！”……

佟兰向围观的人群撒着传单……随后她慢慢挤出人群，微笑着朝殷夫走去……

突然一辆自行车，“嗖——”地窜过佟兰的身前，骑车人猛地挥起一只小瓶，朝佟兰脸上洒去……

“呵哟！——”佟兰大叫一声，本能地用手臂挡了下脸……剧痛让她踉踉跄跄几乎摔倒……

殷夫蓦地冲了过去扶住佟兰，一边高喊：“抓住凶手！抓住凶手！”……

大礼堂里，国民党市委金主任在掌声中上台演讲：“今天是伟大的三八妇女节，首先请允许我，向诸位转达一个神圣的使命——这就是——我们尊敬的张市长，委托鄙人向各位女同胞，致以热烈的节日祝贺……”

台下几十个穿着时髦，妆扮靓丽的妇女代表纷纷鼓起掌来。

“是的，是的，今天的妇女解放就是要进一步提高妇女的参政度……我们现在各个机关录用的女同志实在太少了，我们一定要呈请中央批准，今后在各级党政机关要多用女同志。真的！……”

顿时，又响起一片掌声。

“我们还要坚持摆脱封建思想残余，挣脱缠足、束胸的束缚；要敢于冲破包办、买卖婚姻的旧规，开展自由恋爱、自主婚姻……”

另一个仪容精干的女代表走上台演讲：

“今天的妇女解放，不能只限予贵族妇女，太太小姐的解放，我们更应当多加关注底层社会的妇女，让她们尽快享受到妇女运动的福利。

“否则，妇女运动平民化，还只是一句空话……为此，我们妇联会应当多吸收劳动妇女的代表来参加……”

台下一角，宋月薇与坐在旁边的妇联会主任说道：“你们妇联，怎么挑了个这么极左的代表来讲话？”

“哦，她可是上海教育界的翘楚，可是比我要能讲多啦！”

“我看她像是个赤色分子。”

台上的女代表仍在继续演讲：“可就在三八节的今天上午，光天化日之下，一个在大街上发表演讲的女工，竟被暴徒泼了硝镪水！……

“这种无视人道的暴行，应当激起我们全体妇女的愤慨。我们妇联会强烈谴责这种卑劣的恶行，并要求当局严惩作恶的凶手！……”

台下，响起一阵嘈杂的议论声；宋月薇铁青呆滞的脸；妇联主任略带惊愕地僵笑着……。

殷夫在《“March 8”s》一文中喊出：

虽然黑暗的暴风吹折着光华的红焰，
但火没死，依然在奔行，
在冲激，在滋长！
但新世界的萌芽并没有憔悴，
依然在地底里发荣，生长，
春日的风也侵入了地下的冰窖，
也养育了赤火的炎炎。……
但记住：“三八”是我们的，
是全世界无产阶级的，
我们要以我们的行动来夺回我们的三八！

我们要以 International

来和他们的《毛毛雨》对立起来！

## 三十九

上海西区，一幢豪华雅致、外观造型具有哥特式风格、外墙上装饰“古典式卵石”墙面、并附带大花园的别墅房子。

为了地下工作掩人耳目的需要，这里安排得就像是举办着一场“生日贺寿”的庆典活动。

一间大客厅里，正面墙上挂着“寿诞庆典”的大红会标和一个大大的金箔“寿”字；两旁放置着一行贺寿的花篮和寿幛；中间是一大张拼拢成“工”字形的会议桌，上面讲究的铺着红桌布、摆放着鲜花……

化装成大皮货商人的中共全国“苏准会”秘书长——林育南，正西装革履、仪表堂堂地作为“寿星”，热情地招呼着陆续赶来参加“盛会”的“各方宾客”……

其实在不久前，一九三〇年五月下旬，就在帝国主义和国民党反动派严厉控制的大上海心脏地区，中共中央竟然成功地召开了一次相当规模的全国苏维埃区域代表大会，会议筹备召开的整个过程，无疑就是一部惊险刺激的传奇故事。

首先由中央筹备组提前几个月在租界闹市中心，租下了一栋四层楼的独幢洋房，然后由地下党员柯麟大夫出面申请领到行医执照，不久这一家新成立的私立“达生医院”就正式挂牌开张营业了。

初看起来，这家医院也并没有什么异常：一楼是挂号室、药房和急诊室，二楼三楼是住院病房，四楼是大会议室。进进出出的人员并不太多，其中除少数真来看病的一般病人，其余大多为前来开会的假“病人”。

虽说会前，淞沪警备司令部司令熊式辉也曾听到过一点风声，但要在上海公共租界偌大的区域内，搜查到这么一个“乔装打扮”过的秘密会议地点，他们又不敢大张旗鼓地弄出很大动静来，所以确实也不容易侦缉到。

直至会议第四天，敌特军警冲进“达生医院”，逐层搜查开会共党要员时，这个开业才一周的医院大楼，竟已人去楼空，屋内空无一人。

原来，早在租下前面四层洋楼开“医院”的同时，筹备组也租下了医院后面的一幢民居，医院四楼会议室靠后面落地窗的阳台，正对着那幢民居的屋顶，阳台上还备放着一把过人的梯子……

会议期间，中央“红队”的保卫人员就在医院楼内及对面民居内值守警卫，在民居内还故意大声放唱片，打麻将，像客人众多，喧嚷吆喝声不断……医院楼内“外松内紧”，一片稀松平常景象，实际上戒备却很紧张严密。

但第四天，当打入敌特内部的“卧底”报信说“危险逼近”时，与会人员就有条不紊地先后从大门及四楼阳台架好的梯子上安全撤离，全部化险为夷，让敌人彻底扑了个空！

殷夫在译诗《咏裴多菲铜像》中写道：

你是我们的旗，我们的旌，

火的柱石，伟大的首领！

你导我们跃出奴从的昏雾，
走向光明烁闪的自由王土。

你用宝剑砍断我们的锁链，
你用火舌熔烧了钢刚铁坚，
你的声如洪雷，响动大陆，
如闪电的光，在穹宇互逐！

下界的心都已燃烧，
寸火也瞬息集成狂熛，
我们又觉得如同胞般密接，
我们滋生了无限的大力！

## 四十

作为全国苏维埃代表大会准备委员会的秘书长，林育南正根据党中央的指示，带领“苏准会”机关的工作人员立即投入新的工作。

这天，在市区一幢洋房的大客厅里举办着一场秘密报告会。这就是由他们“苏准会”召集组织的一次有关苏区革命根据地形势的报告会……

由一个来自江西苏区的红军代表，神采飞扬地正在给长期在白区大城市里工作的进步文化人士，作红色根据地军情形势报告……

“我们的红军已经在全国十一个省建立了革命根据地，我们红军队伍的人数已经发展超过十多万人，并且还在进一步加大扩军的力度，争取在今年秋收以后，能扩充到五十万人的一支工农武装部队……

“当然我们红军部队要坚定地服从以城市为中心的全国总暴动的策略路线……”

一轮红日，从青山丛岭之间冉冉升起……

江西井冈山革命根据地，峰峦超伏、青山叠翠、巍峨雄伟；一支头戴八角帽、扛枪队伍的黑色剪影，英姿勃发地沐浴着金色的曙光……一面绣着镰刀斧头的红旗，在崇山峻岭中飘扬，飘扬……

另一个来自湘鄂赣苏区的年轻代表，手握着一本《星星之火可以燎原》的油印小册子，正慷慨激昂地做着发言：

“扩大苏维埃区域直至夺取江西全省；深入农村土地革命；扩大工农武装……

“我们这支红军部队的总任务，就是配合工人、农民、士兵的暴动，争取革命在一个省或几个省的首先胜利，直到夺取全国政权……

“工农武装割据的星星之火，势必将形成燎原之势，革命胜利高潮的到来是毫无疑义的！……”

此时好似响起殷夫诗篇《我们是青年的布尔什维克》的整齐朗诵声：

我们是青年的布尔什维克，
一切——都是钢铁：
我们的头脑，
我们的语言，
我们的纪律！

我们生在革命的烽火里，
我们生在斗争的律动里，
我们是时代的儿子，
我们是群众的兄弟，
我们的摇篮上，
招展着十月革命的红旗。
我们的身旁是世界革命的血波，
我们的前面是世界共产主义。……

朗诵声中人们仿佛看到了：在红军军旗的引领下……浩浩荡荡行进中的工农红军队伍，整齐划一的灰蓝色军装、鲜红色的五角星领章和帽徽格外醒目；

在绚丽的色彩光线映照下，英姿飒爽史诗般的红军人物造型、显得特别的圣洁壮美、更加满怀激情地演绎呈现……

“左联”代表殷夫、李伟森、柔石、胡也频、冯铿和其他进步文化人士并排站立在神圣的镰刀斧头红旗下。

似有目睹感受到一支工农武装——红军部队威武雄壮铁流滚滚之气势！……

## 四十一

一间光线暗淡的小屋里，“左联”几位代表正讨论着左派文艺和那次苏区红军军事情势报告会的收获。

胡也频结合苏区军事报告会的感受说道：“哦——这次会上，听到那么真实的来自苏区红军代表的讲话，我算是感悟到：革命已不仅是前夜，而是渐进中的黎明了！……”

李伟森精辟地总结道：“我比较赞同毛泽东同志的策略，他是言近旨远，为中国革命成功指出一条正确途径——那是有根据地式的；建立苏维埃政权的；深入进行土地革命的；扩大人民武装的路线。经由乡、区、县三级赤卫队和地方红军直至正规红军部队这一武装路线，使政权发展像波浪式地不断扩大发展……最终，由农村包围城市，逐步取得全国的胜利！……”

胡也频笑问道：“殷夫兄，近来不太见你写爱情诗啦？”

殷夫也笑答道：“我写诗的重点已经转到对劳苦大众，对无产阶级的爱上来啰……。”

柔石手指着一本《蕙的风》诗集的一首诗，若有所思地说道讲道：“我曾听诗人汪静之讲过，这首‘天亮之前’的诗，是专门为歌颂共产党成立写的一首诗，原只想把它收在爱情诗集里，敌人就发现不了，但谁知道朋友们也真是把它当成一般的爱情诗来读了。从社会舆论角度来看，这未免是有点降格了！”

胡也频接道：“我们的文学作品，能公开地高举无产阶级红色旗帜的作品，确实还是太少啦！”

李伟森望着殷夫微笑道：“这个方面，殷夫兄做得比我们几个都好！”

柔石也赞道：“有不少人都称殷夫你为：‘红色诗歌旗手’呐！”

李伟森深情地望着殷夫说道：“九月份，北方‘左联’成立大会发的宣传海报，借用的就是我们殷夫，你要莅临北大法学院礼堂演讲的名义，在北京好几所大学张贴的宣传海报，落款是‘文艺研究会启’……”

胡也频笑道：“哦，是呀！这可见我们殷夫兄，在全国青年学生心目中的号召力动员力，是有多大啊！”

……

殷夫不好意思地岔开道：“我们太阳社同人，开宗明义的就是要站出来，为无产阶级大众，粗暴地叫喊！”他接着又说道：“我最近读到了苏联诗人马雅可夫斯基，致敬中国革命同志的红色鼓动诗，很是钦佩也很受启发……”

我来了——

海外的鸵鸟，

　　　　全身长着蓬松的诗句、
　　格律和韵脚。
我是多么愚蠢哪，
　　竭力想把头
　　　　埋进音韵的羽毛。
　　……

同志们！
　　工人
　　　　和广州部队
占领了
　　上海！
仿佛是
　　手掌心里
　　　　揉洋铁皮，
欢呼的声浪
　　不断高涨。
五分钟，
　　十分钟，
　　　　十五分钟，
雅罗斯拉夫在鼓掌。

听起来好像
风暴
铺天盖地而飞，……
去答复
一切
张伯伦的照会，
飞到中国去，
叫那些主力舰
掉转
钢铁的猪鼻子，
从上海
倒退。
一切
诗的
讨厌的泥泞，
任何
诗的
无上的光荣，
都不能比这条
普通的
报纸新闻，

如果
雅罗斯拉夫
对它
如此欢迎
我们的心啊
紧紧地
拴在一起，
工人蜂房的团结
强大无比。
鼓掌吧，
雅罗斯拉夫人，
榨油工和纺织工，
向着陌生的
而亲如骨肉的
中国苦力！
……

柔石也被诗句所感染，突然喊道：“殷夫同志，我相信，你同样也能写出很好的红色鼓动诗来同社会舆论，并将成为‘中国的——马雅可夫斯基’！……”

殷夫听着露出了稚嫩的微笑：“过奖了，过奖了！……”

柔石沉稳地说道：“这些年，我们这些人的眼光，基本上只停留在几个大城市中，目光也变得愈来愈短浅近视啦！……”

殷夫又严肃地说道：“我们的文化运动不能只成为一种上层运动，满口是‘奥伏赫变’……‘布尔乔亚’……文章做得既温雅，又漂亮。可惜这种文章，连中等以上的学生都看不懂……

“我们必须深入群众，文化运动不与工农、学生实际斗争联系起来，那也就缺乏了一种战斗的活力。……”

# 第六章　职业革命工作者

## 四十二

深夜，偌大的电车场里，许多老式的电车已经停了好几天了——电车工人罢工一直在持续。

在车场一隅的一间工具房里，老田师傅和几个工人正在研究罢工的事情……

胡也频一进门就叫道："田师傅，你看谁来了？"

殷夫跟着走了进来。"哦！是你呀！……我们的红色鼓动家！"老田高兴地拍着殷夫的肩膀，咧开嘴笑道："上次你被保释出狱后，我们还挺担心，怕你会跟大哥去南京做官了呢……"

殷夫爽直地笑答："我才不稀罕他那边的官帽和臭钱呢！"

三个人都笑了起来……又有几个工人走了进来。

"老田师傅，人都到齐了。"

"好，那我们就开始开会吧！大家一块研究一下，下一步罢工斗争的具体安排。……"

会议正在进行中。

老田师傅在讲话："这几天，那帮家伙开始玩弄新阴谋了，在报纸上指责我们电车工人罢工，致使市内交通瘫痪，是‘有意破坏国计民生’，好家伙！把责任全都推到我们工人头上……”

胡也频插了一句：“看来，罢工要坚持下去，是会有很大社会舆论压力呀！”

老田也蹙眉叹道：“是呵，罢工的诉求还未达到，但市内民众交通这个问题，又怎么解决呢？……”

车场的大电钟，由两点缓缓指向三点……

在工具间周边警戒的工纠队队员在来回巡逻……有时还忍不住贴近门缝去听听动静……

大电钟时针已指向四点多了……

工具间的门打开来了，殷夫、胡也频和田师傅等几个开会的工人，兴奋地议论着走了出来……担任警戒的工纠队队员围了过来急切地问道：“田师傅，你们研究得怎么样？”

田师傅莞尔一笑：“罢工不罢车呗！”

“怎么——要出车啦？”

“出车！但要让洋老板请客！”老田边说边伸手刮了下那工人的鼻子，“全部免费坐车！”

“免费坐车？”那工人脑子一转，笑了起来，“嗨！这不把洋大人的肚皮气爆了，才怪呢！”

“对！这法子太妙了！”大家发出爽朗的笑声，互相招呼着，分头赶去通知出车了……

殷夫在昏暗的灯光下赶写着一篇文章，钢笔尖在稿纸上疾走……

殷夫的檄文《暴风雨的前夜——公共汽车电车大罢工》，刊登在共青团中央机关刊物《列宁青年》第二卷第 12 期上……

殷夫在《议决》一诗中叙写道：

在幽暗的油灯光中，
我们是无穷的多——合着影，
我们共同地呼吸着臭气，
我们共同地享有一颗大的心。

决议后，我们都笑了，
像这许多疲怠的马，
虽然，又静默了，
会议继续到半夜……

明日呢，这是另一日了，
我们将要叫了！
我们将要跳了！
但今晚睡得早些也很重要。

# 四十三

中共宣传部及团中央领导李伟森在一所幽静的洋房前按门铃……

门开了，李伟森走了进去，随即门又关上了……

李伟森在客厅里坐着，一个西装革履的中年人从楼上走下来，——他是刚从苏联留学回国的我党年轻领导干部季仲瀚。

李伟森一看到老同学老季，就高兴地迎上去，喊了一声："哦！仲瀚兄——你留学回国啦？"

"嘘——轻声点！"季仲瀚制止住他："楼上绍禹同志正和共产国际的代表米夫在开会呐……"

"喔——"李伟森严肃地望了望楼上，又随着季仲瀚一起走到庭园里……

季仲瀚习惯地叼着烟斗："哦，伟森呵，这么些年不见，你可瘦多了！"

李伟森笑道："瞧瞧你自己吧——天平也早早地开顶啦！"

季仲瀚苦笑了下："唉！满腹的忧愁所致，头发哪能不脱呵……在莫斯科的时候老思念故乡，老想着能回国……但是一回到国内，却又是满目疮痍，死气沉沉……"

"目前工农革命还处在低潮嚜。"

"进展太慢了！"季仲瀚握着烟斗，激昂地挥了下手："难道能让机会在我们手里，轻易地丢失掉吗？……"

"条件允许我们这样做吗？"

季仲瀚停住脚步，很不满地瞥了眼李伟森："嗯！当年在莫斯科东方大学上学时，你可是咱们团中央驻莫斯科的总代表啊！老兄，那时候的革命斗志都跑到哪里去了啦？”

季仲瀚一脸亢奋地接着说道：“对中国革命，共产国际可是有许多明确指示的。……我们要原原本本地学习借鉴俄国布尔什维克革命的成功经验，绝不可再犯四年前党中央陈独秀的右倾机会主义的错误，要深刻吸取那次大失败的惨痛教训！……虽然我们是有条件论，但不能是唯条件论。……近日共产国际紧急指示，中央也专门研究通过了一个决议，全面安排布置了城市武装暴动的计划，就是要在反动统治的核心地带，拼杀出一个新世界来！……各级组织都要全力以赴积极行动起来，迎接中国革命新高潮的迅速到来！……”

僻静的庭园里，小亭子四周好几棵石榴树，在阵阵的秋风中瑟瑟作响，落叶纷纷扬扬撒满一地……

季仲瀚又认真严肃地说：“哦——今天我代表上级正式通知你，你的工作已经作了调整，团中央、宣传部的工作要移交一下，正式调任全国苏准会的党团书记。下一阶段，主要负责担任第一届全国苏维埃代表大会的组织筹备、宣传动员工作。……”

殷夫在《巴尔底山的检阅》一诗中呼喊着：

虽则，我们没有好的枪炮，
虽则，我们缺少锋利的宝刀，
这有什么关系呢，
我们有的是热血，

我们有的是群众，

我们突击，杀人、浴血，

我们守的是大众的城堡。

同志们，

站近来吧，

整一整队伍，

点一点人数：

举起我们的拳头来，

检阅了，再开步。……

野火烧红了地线，

喊声震撼了九天，

我们的口令：“开步走！”

冲，冲，冲到战阵前头！

## 四十四

一个下着雨的秋夜，城市北面一条石库门弄堂内。

殷夫难得一次带女友盛孰真来到自己十分简陋、阴冷的亭子间里，让她坐在屋内唯一的一张椅子上，翻阅着一本刊登着他自己《宣词》一诗的杂志。

我的姑娘哟，
你是我孤独生途中的亲人……
我的罪恶常深沉，
这是我最后的宣词，
愿神祇赦免我的灵魂！……
明晨是我的丧钟狂鸣，
青春散殒。
潦倒的半生殁入永终逍遥。
我不能爱你，我的姑娘！

殷夫在后边递给盛姑娘水杯时，触碰到盛的手："哦，你的手，怎么这么冰冷的？"

盛孰真："嗯，我的手，一直都是这样蛮冷的。"

斗室里弥散着两个年轻人荷尔蒙的气息，长期孤寂中的男女，隐隐萌生起触摸拥抱的强烈冲动……

"哦——怎么办？我这里可没有热水袋……"说着殷夫第一次主动地握住孰真的手，少女的手在殷夫的手掌中羞怯地颤动……一股爱的暖流涌到她的全身。

盛姑娘多年来对殷夫这位兄长是爱慕有加的，她真诚地希望两人的朋友关系能发展到恋人关系，直至谈婚论嫁。

殷夫依旧握住并轻轻抚摸着女友的手，还以炽热的目光凝视着女友，久视无语……

此时两双相爱男女青年的手紧紧地握在一起；两颗靠得很近的年轻人的心，正怦怦地剧烈跳动……盛姑娘多么热切期盼着阿白兄，能赠给她一个主动而温柔的拥抱呵……

但殷夫此刻却又渐渐冷静了下来，只是含情脉脉地问了一句："你现在，知不知道我的心呢？——"

盛孰真情真意切地答道："我——我的感觉是：时隐时现的，有时候有，有时候又没了。……我是个普通凡人，我喜欢简单直率的表达方式……我一直钦佩你的才华，感谢你多年来对我的帮助，我没有爱过任何人，我的心一直为你守候……但不知道为什么，我们之间的爱情阻力，竟然会那么大！好像命中注定，很难会有什么结果似的……"

"那，主要是我的问题，好几次都让你伤心失望了……"说到此处，殷夫就又沉默了。

盛孰真仍追问道："哪究竟是——你的什么问题呢？"

然而殷夫沉思一会，冷静而缓慢地说："但，其中的原因，我又是无法明讲的！……当然，日久天长，总有一天，你终究还是会完全明白的！"

殷夫有诗《写给一个姑娘》：

我何曾不希求玫瑰花房甜的酒，
我看见到花影也会发抖，
只全能者未给我圣手，
我只有、只有、只有孤守。
姑娘，原谅我这罪人，
我不配接受你的深情，
我祝福着你的灵魂，
并愿你幸福早享趁着青春。

殷夫又有诗《别的晚上》：

不用说此后难再同登珠山，
我的眼帘也不能燃灼你天真顾盼，
但我有一句话留你，
你第一个勾起我纯洁爱念，
姑娘你别徒流悲伤泪水，
眼泪只会增添你胸中块垒
向前去呵，
创造去，你幸福的将来。

# 四十五

殷夫和几个党内“左联”作家，在一起秘密碰头开执委会会议。

胡也频正在发言：“我们‘左联’作家，有责任组织创作工农兵通讯，写作反映工农兵现实斗争的革命文学……崭新的工作需要我们去探索尝试，艰巨的任务等着我们去奋斗完成！……这同街头斗争同样的重要，从长远发展的观点来看，前者的作用更深远广大……”

作为团中央宣传部领导的李伟森在讲话：“最近我在内部刊物上，看到了柔石、胡也频、冯铿几位作家写的，以苏区斗争为题材，歌颂工农红军的几篇作品，这是很有意义的大胆尝试！……我们应当以战略的发展的眼光来看待这项工作，把中央苏区进步的正面情况，及时生动地介绍给白区统治下的人民，使他们从苏区之雏形，联想到未来的新中国！……”

一个姓钟的作家发言：“据我所知，共产国际和中央并不赞成你们的观点！季仲瀚同志明确指出：近来‘左联’内部，有严重的作品主义的倾向在抬头，它正妨碍着城市起义行动委员会计划的正确执行……问题很明白：有的人对当前正要进行的残酷激烈的阶级斗争，动摇了、懈怠了，是想躲到斗争旋涡中心之外，去搞他们高雅的作品去了……”

柔石执着地反驳道：“对一个左翼作家来说，他们的斗争重点，不可能只局限于街头运动，集会游行，撒传单、喊口号吧？……这样的斗争策略也未免太幼稚肤浅了些！”

李伟森庄重严肃地说道：“如何执行共产国际的行动纲领，我看还是要结合中国当前实际，研究制定出具体执行方案来才好！”

殷夫和柔石等好几个同志都禁不住兴奋地鼓起掌来……唯有那位钟作家拉下了脸……

殷夫在《血字》一诗中畅想道：

今日他们的天堂，
他日他们的地狱，
今日我们的血液写成字，
异日他们的泪水可入浴。

我是一个叛乱的开始，
我也是历史的长子，
我是海燕，
我是时代的尖刺。

“五”要成为报复的枷子，
“卅”要成为囚禁仇敌的铁栅，
“五”要分成镰刀和铁锤
“卅”要成为断铸和炮弹！……

四年的血液润饰够了，

两个血字不该再放光辉，

千万的心音够坚决了，

这个日子应该即刻销毁！

## 四十六

上海闹市区一家上等戏院，舞台布幕上挂着“剿匪义演”几个大字……

舞台上，一群年轻的舞女正在搔首弄姿，扭胯摇臀，摆动着舞裙，高翘起裸腿，露骨地上演着低俗的黄色歌舞……

宋月薇对朱凡波指示道：“根据中央部署，下个阶段，我们将在两条战线同时出击——在江西瑞金，有十万大军武力围剿朱毛赤匪根据地；而在上海，则由我们来组织文化清剿的主战场！”

朱凡波吁叹道：“常言道，破山中贼易，破心中贼难哪！”

“无论如何，我们这次一定会好好给他们点厉害瞧瞧！……”

几辆黑色小汽车鱼贯驶出警察局大门，停在一家书店门口，从车上跳下来几个汉子，闯进书店……

为首的那个汉子戴着墨镜，挥着手杖，对书店老板厉声呵斥道：“他妈的，还想抵赖……看看你卖的这些书，就够上危害民国罪了……都给我抄！都给我砸！”……不一会，书店被砸得一片破败狼藉……

花吊灯下，朱凡波、宋月薇和另外几个国民党官员正在搓麻将。

“哗啦啦、哗啦啦……”四双手在洗牌……

宋月薇挺自信地说道：“这次对赤匪巢穴的围剿，陆上动用了十多万兵力，里外三层合力封堵紧紧围牢；天上有三个航空队的飞机低空盘旋侦察轰炸。”

朱凡波谄媚奉承地接着道：“我看，这次我们国军势必能将共党赤匪的武装势力，干净彻底地围堵剿灭精光！……”

宋月薇打趣地问道：“凡波兄，近来北方对这雀战有个新的别称，你知道了吗？”

“是不是，方城之战！？”

“不！是叫‘天罗地网’！！”

大家同声称妙，讪笑声和搓牌声更起劲地响了起来。

殷夫在《残酷的时光，我见你……》一诗中叙写道：

残酷的时光，我见你
鼓着黑色的翅膀逝去，
剩留下我，
无依地，
在忏悔的深渊里，
没奈般饮泣。

黑色的蔷薇呢？

你的尖刺，你的尖刺，
进来吧，这，心头，
直刺，刺到深深的底！

我不让
幽蛇般的痛苦，
啮吃我无辜的心，……
时光，我见你
一去不再来临。

## 四十七

在市北一座僻静公园的长椅上，一身记者打扮，脖子上挎着相机的李伟森正和殷夫在谈话。

李伟森含笑道："告诉你一个好消息——你被批准了。"

殷夫欣喜地问道："什么？——是到苏区去吗？"

"对！……参加第一届苏代会。"

"这太好了，太好了！……"殷夫按捺不住兴奋，站起身来："早就盼着有机会，去我们的江西苏区看看……"

"那可是难得的好机会哪，对你们这批作家诗人来说，此行一定有助于你们创作，促成你们写出更多好作品来！”

随后，李伟森又递过来一本油印小册子，殷夫接过后，立即翻阅起那本油印文件：“哦！这就是最近听说的，王明的那本《为中共更加布尔什维克化而斗争》的小册子嘛！”

“是呵，好好学习学习吧！……王明同志，已被共产国际推举，作为我党中央的领导核心啦！”

李伟森边说边打量着殷夫消瘦的身形，略带惜别神情地说：“另外向你传达一个组织决定：我已正式调离团中央的工作，新的书记很快就会到任的。”

“那么，你还会离开上海吗？”

“暂时还不会。说是调任全国苏准会的党团书记，近期的主要工作，就是筹备组织第一届全国苏维埃代表大会。”

“那以后，我们见面机会就很少啰！？”

“不会，不少会议开会时，我们还是能见面的。……别忘了，去瑞金参加苏代会，我俩不是还要聚会吗？”

李伟森又语调低沉迟缓地说道：“近期来，共产国际派了米夫代表来，下达了不少指示……可以说我党内部的路线斗争，已经十分激烈，有些矛盾和分歧逐渐明朗化公开化……对此，我们每个党员同志，都要结合当前革命的实际，认真思考判断，‘三思而后行’，可不能随波逐流，轻举妄动。……”

殷夫若有所思地点了点头。

李伟森握住殷夫的手道别：“好了，好自珍重！我该走了，你也不必远送了……你想，寒冬已经来临，阳春还会遥远吗？！……”

殷夫在《月夜闻鸡声》中歌颂道：

若是朝阳已爬上你的窗棂，
还需要你把赞歌狂吟！
荣冠高蹈的时代先知，
在月夜就唱了明晨新诗。

友人，起来，这正是时候，
月光的清辉正在洗照了楼头，
束着你闪光的刚亮的宝剑，
趁着半夜正可踏上银河白练。

踏着虹的桥，星河的大道，
星儿向着你的来向奔跑，
你向前走去欢迎明晨，
你因为必要做着第一个百灵！

## 四十八

“嘎当当，嘎当当……”印刷机在不停地转动，印有《列宁青年》刊名的周刊封面纸页正大量印刷着……。

柔石走到一间挂着“库房重地 严禁烟火”牌子的房门口，敲响门……

殷夫打开门，柔石进屋来，好奇地打量这间光线幽暗的印刷工房：“嘀——让我找得好苦啊！”

殷夫：“哎——柔石兄，你怎么找到这里来了？”

“哦——借一步，方便处说话。……”他俩走进旁边一间狭小的编辑室里，坐下后，柔石才轻声说道：“一是通知你，后天上午九点，在东方饭店 301 号房间召开紧急会议，讨论有关六届四中全会的对策。……”

殷夫应道：“好的，我一定准时参加。”

柔石又拿出一本外文书来，递给殷夫：“另外，这是鲁迅先生托我带给你的一本德文书，让你有时间好好翻翻……”

殷夫高兴地接过书翻看：“哦，是一本美国记者安娜·路易斯·斯特朗所写的红色中国游记，很难觅得一见……请代我谢谢先生！”

“先生对你的器重和关照，真是非比寻常啊！”

“先生对你我这些后辈学生，不都是这样热忱吗？”

两人爽快地都笑了起来……

柔石又说道：“这几个月，从苏联又留学回来了一批干部，几乎掌握了中央的决策权……这次六届四中全会，就是王明他们那批‘列宁派’干部和共产国际代表米夫一起策划召开的……”

“听说在这次会议上，否定批判了许多重要干部，争论交锋相当的激烈啊！”

“是呵，听说这次会议解除了瞿秋白同志的中央总书记职务；另外还将何孟雄同志定为‘右倾机会主义代表’‘右派领袖’，撤销了他在江苏省委的职务……”

一抹愁云掠过殷夫的额头，他略带焦虑地低语道：“唉！党内的矛盾分歧十分严重呵！可别又是‘煮豆燃豆箕……同室操戈急’呵？！……”

殷夫在《与新时代的青年》一诗中长啸道：

这是前夜的对垒：
光明 对抗 黑暗，
真理对抗 强暴，
解放 对抗 剥夺！

流血的歌声巨涛般冲激着了，
嘹亮的汽笛山瀑般合唱着了，
告知胜利的属主：
十二万万五千万的一群，
坚强，固执，
愤怒，团结，确信，
不能站在中间，
这不是时候！
把武器拿起，
走去战阵头。……

我们得参战，
在这边，或那边，
向光明，或向黑暗，
不能再逡巡徘徊！

不用害怕，
时代的潮头已推涌起山的高峰，
决战的血钟响彻了大地的茫茫，
用真理和正义，
武装我们的意志吧！

不要停留，
上前或即是退后，
杀敌或即是杀友，
在这一小时内，
你也得决定，——
你也得决定，走！

# 第七章　东方旅社事件

## 四十九

共产国际东方部副部长米夫来沪，参加中共六届四中全会。会议以批判“立三路线”“调和主义”为宗旨，反对“党内目前主要危险”的“右倾”。严厉指责瞿秋白、周恩来，用非正常手段控制会议进程，迫使会议接受王明左倾冒险主义纲领，通过了《中共四中全会决议》，年仅26岁的王明，开始掌握党中央的实际领导权。

何孟雄和全国苏维埃代表大会准备委员会的一些干部——李求实和林育南、冯铿等持不同意见，认为王明路线是“更危险的左倾冒险主义”，向党中央和国际远东局提出新的建议，并在东方旅社设立秘密联络点，反对以王明为首的党中央。

一月十七日上午，东方旅社前厅大堂，陆陆续续有许多人进出，其中有些就是来参加地下党组织秘密会议的中共地下党员……

301号房间里，有殷夫和柔石、冯铿、胡也频等十来个男女地下党员交谈着，等着开会……

这次会议是由全国总工会秘书长林育南、江苏省常委何孟雄、《中国青年》杂志主编李伟森等一批抵制六届四中全会和王明的反对派，专门组织召开的，共同讨论针对四中全会选举产生的以王明为核心的党中央，杯葛其指挥调遣的指令和权力的一次秘密会议。

林育南，三十岁的模样，头上戴着青黑色呢子礼帽，身穿青灰色长袍，中等身材，两眼闪闪发光，像射出怒火似的；一对眉毛像扇子一样掀着的中年男子：

“同志们，请大家安静一下，我们准备开会了……今天我们全总党团系统和江南省委联合召开一次各支部联席会议，……本月初中央在上海‘闪电式’地召开了六届四中全会，这个会议造成了我党有史以来，组织上和思想上的空前混乱……”

林育南手里挥动着一本王明的《为中共更加布尔什维克化而斗争》油印文件，激奋地讲道：“面对党内近来出现的一些抵触情绪和抵制行动，王明他们专横地宣称：凡是不拥护这一路线的人，就是违抗共产国际，就是犯了右倾机会主义及无原则的调和主义的错误……

“包括对执行这条路线消极怠工的人，都要被扣上‘右派’、‘托派’等帽子，而遭到批判打击。我很担心：由此下去，势必会造成了党内的严重分裂。……

“在座的大都是负责党的宣传工作的干部，在路线斗争这一重大问题上，尤其需要好好动动自己的脑筋，仔细分清方向是非，不要稀里糊涂地盲从权力，又去犯路线上的错误……”

一个巡捕房探员，化装成茶房走到 301 号房间门口敲门……

门打开后，乔装的茶房拎着大铜壶进来，帮着给热水瓶添水……

林育南立刻打往话头，又岔开话题聊起某部近期热映的好莱坞电影来……

待那茶房走后，才继续前面的讲话……

林育南说道："中国共产党人是敢于坚持真理、勇于改正错误的。我们共产党人要用好——批评与自我批评这个武器，来克服前进中的缺点和错误，更好地加强党内的团结，打倒凶残的敌人，从而使我们党的事业通过激流险滩，取得更大的胜利！……"

在饭店的小电话间里，那个乔装茶房的探员正在低声打着电话："我发现有十几个人，前后脚地走进了301号房间……其中大多数都像是文人的模样……看样子，是在开什么重要会议……"

戴着黑框眼镜的何孟雄站起来情绪激动地讲道："共产国际代表米夫和王明等少数留苏派的同志，以突然袭击的方式策划召开了中共六届四中全会，参加会议的中央委员还不到半数，那么会议本身的合法性就应受到质疑。……

"他们还不择手段地操纵扶持王明上台，一手包办了四中全会的所有纲领文件……这是一种破坏党内民主的行为，我看这是在我党历史上开了一个危险的先例，是侮辱了我党光荣历史，违反民主集中制原则的严重错误行为！为此，我要求立即自下而上的召开紧急会议、明确表态不承认四中全会违规选举出来的党中央；要求停止该中央工作，迅速改选党中央；并请求共产国际撤换米夫。……"

何孟雄右手举着几张文稿纸说道："这是我和育南、伟森等十几个同志共同签署的一份《告同志书》……虽然作为个人，我服从这次全会上对我做出的组织处理决定。作为一个1921年就入党的老党员，我早已把个人安危荣辱置之度外，为了党的事业免于遭受重大的损失，我还是勇敢地站出来，知其不可

老闸捕房现状

为而为之，挽狂澜于既倒，提出我们的抵制反对意见！这也是我们几个老共产党人，对党应有的忠诚之心和认真负责精神！……”

有几辆吉普和警车徐徐地从英租界的老闸捕房里驶出……

冯铿激动地对林育南说，“老林同志，对王明的报告，看后我们很多人都有意见，太不切合目前中国实际了！……”

一位大个子工会干部，也很不满地开腔道：“那位才从莫斯科回国的，27

岁的布尔什维克理论家，连中央委员都不是……这次全会，一下子就能掌握了大权——这不就是‘一步登天’了吗？”

有个西装革履的组织干部出面制止道：“共产国际已经做出了明确指示，四中全会上也已形成了中央的组织决定。共产国际的指示，中央的决定，我们能违抗吗？我们敢违抗吗？……所以，我们下级就是要服从上级、服从中央，不能无组织无纪律的随便议论。”

林育南缓慢而严肃地发言道：“今天是组织会议，有意见摆到桌面上来议议也挺好嘛！……我也认为，中国革命的现状，尤其是几个重大城市的革命现状极其复杂。要取得胜利，必须要有中国本土的，德高望重、德才兼备的，又有实际斗争经验的同志来领导，才行！……否则，中国革命是难以取得成功的！”

李伟森补充道：“在我们组织内部也不要太理想主义，对缺乏斗争考验的上级领导，也不能过分盲从迷信嘛。……”

有个望风的小康同志敲门进来，焦急而局促地叫道：“楼外有异常情况……警车正朝这里开来！……”

林育南低声地同何孟雄商量了一下，镇静地站起来：“会议临时中断。大家不要惊慌，不能乱来，要统一口径，我们来此是在开座谈会，是商谈左派文化发展有关事宜……先清理一下党内文件，立即销毁掉！……”

何孟雄吩咐小康：“小康，你掩护育南同志先撤离……大家尽快清理，随后准备陆续撤离……”

301 号房间里，开会的人在赶紧撕碎烧毁文件……

老何焦急地催促道："老林，你快点先撤吧！"

林育南示意一下李伟森："那我们三个一起走吧！"

何孟雄赶紧解释道："这里是我出面租下的房间，由我留下来周旋掩护，也好对付点……"

楼下已响起一阵急促脚步声和嘈杂声……

站在窗口的李伟森说道："恐怕来不及了，周围都被巡捕包围了……"

殷夫和柔石、冯铿、胡也频等几个想赶紧撤离的同志，见此情况也反倒神情镇定地坐下来静候……

"呯！"的一声，房门打开，一群巡捕一拥而上冲了进来，凶横地吆喝道："都不准动！……有人举报，你们在租界聚众谋划暴乱，犯了共党嫌疑罪，现予以全部逮捕，押回捕房候审。……"

像一组旋转而失焦的镜头，一个个有点隐约模糊的人影在闪现晃动……

屋内响起同志们愤怒的呼喊声：

"我们犯了什么法？"……

"你们怎么乱抓人哪？"……

"法西斯蒂！简直是法西斯蒂！"……

人影晃动旋转起来，越转越快，声音变得又怪诞又紊乱……

蓦地模糊旋转的影像戛然而止，此时又是一片寂静无声——

空无一人的301室房间里，门窗大开，桌椅歪倒，地上撒满玻璃杯盘残片、文件纸片和少量斑斑血迹．寒风吹着窗帘布。

纸灰残烬在缓缓飞舞……

殷夫在《寂寞的人》一诗中感慨道：

沉重的步伐踏着软的草，
细弱的呼吸嘘着轻轻叹息，
心的花残，血天，叶儿枯，
骸骨的飘游还不舍个寻觅。

我不愿再问你无信的白云，
你只带了我虚渺的音耗，
说在那高山巅上有青春，
我却徒然跋涉，徒然潦倒……
我要徒步地向前，向前，
手捧着心儿，心满着爱情，
我要寂寞地走向冷静墓前，
玲珑的芝草轻摇着坚柏的荫。

你莫问我泪光的尖锐，
希望的灯火即是葬礼的准备，
但我爆裂之心的血花血蓓蕾，
也要在永久的幻影之下耀着光辉。

# 第八章　龙华狱中斗争

## 五十

浓墨铺盖的寒夜，雪花轻轻飘落……

隆冬的郊野，一片萧肃凄凉……唯有古老而衰颓的龙华古寺耸立着，似一把利剑直刺茫茫苍穹……

淞沪警备司令部军法处专设的龙华监狱。

高高陡峭的狱墙上围着电网……不时有几道探照灯光像白色的幽灵在监狱里四处悠荡划过，更增添了几分恐怖肃杀的气氛……

守夜的狱警在甬道里来回巡走，“咯吱、咯吱……”大皮靴在水泥地上发出恶鬼似的狞叫……

黝黑的牢房里，只有一线昏暗的灯光……被捕的同志们蜷缩着身子，头靠在墙壁上，围拢得很近——像是在开会……

在牢笼门前望风的依然还是那个小康……。

林育南低沉有力的声音：“我们活在世上，不仅仅是为自己活着，而是为了我们无产阶级的解放事业……现在我们被捕了，但在战斗意志上和革命气势上，仍要保持大无畏的压倒敌人的精神！……

“不管敌人如何凶暴，我们要充分利用这次在一起坐牢的这段时间，好好学习提高，认真积蓄力量，准备迎接未来新的更重要的斗争！”

李伟森说:“对！我们干脆办个狱中党校，学马列，学法律，学历史，学文学，学外语，学美术……谁会什么，就教什么……”

“这个动议太好了，我举双手赞成！”

“我是乐天派，我坚决拥护！”

“我同意！”“我也同意！”

大家纷纷举起了手……

这边柔石在问殷夫：“殷夫，你同意吗？”

殷夫马上也举起了手：“我当然同意！”

“那好，这下可有机会跟你学德文啦！”柔石兴奋地扶了扶打坏了镜片的眼镜，“不过，得先想办法赶紧把眼镜配好……”

狱警慢慢朝这边走来……小康干咳了一声，大家一下又安静了下来……

殷夫在《怀拜伦》一诗中咏赞道：

唉，你高晶的红星哟，
望着生身的母亲吧，
在地球上喷着多少火山，
滚沸着多少数白热真心？

瞌睡或会过于深沉，

你的精神可别让迷昏，
即使你现在还感觉到孤独，
你也定耐得短期的候筹。

严冬的雪帐内育生了阳春，
黑暗的前夜领引来明晨，
即在罪恶的地狱中，
也几句透出了觉醒的呻吟！

## 五十一

龙华监狱内，一座特殊的探监设施，两排铁栏网围住的甬道长廊内，由端枪的狱警们戒备地来回巡视走动……

铁栏网的一边，是戴着手铐脚镣的囚犯们缓缓通过的一条囚犯放风通道；铁栏网的另一边是外面来探监亲友们驻足停留的探视通道……

一个高个姓王的先生大声叫着：“赵少雄，赵少雄！你要的眼镜、洋铁饭碗……我们都给你送进来了！……”

柔石已经听到了，一边提着脚镣上的铁链，一边激动地向来人点头喊道：“哦！——谢谢，谢谢！”

隔不远处，沈从文陪着才当妈妈的丁玲，也隔着铁栅栏呼喊着：“也频，也频，我在这里！”

胡也频即刻就听到了，异常高兴地向丁玲招着手，大声地问道：“你和孩子都好吗？”

丁玲不顾一切地继续呼喊着：“还好，还好！……我一定要把你救出来！我实在不能没有你呵，我们的孩子也不能没有爸爸呵！”

……

在散步放风的牢友队伍里。

殷夫脸露恍惚地问李伟森：“我们这次被捕事件，牵涉的人这么多，到底是哪里出的问题呵？”

李伟森表情凝重地答道：“目前了解到的原因是，这次开会前就走漏了消息。我们《红旗日报》的交通员、记者王拙夫是叛徒，他把我们出卖了……”

殷夫疑惑地问道：“他掌握的情况那么广，那么多？”

李伟森更加低声地说了句：“他与王明可是莫斯科东方大学的同学，关系很不一般……”

殷夫听后又陷入沉思……

稍后，李伟森关切地在问殷夫：“这两次的探视日，怎么没见你的亲友来探望啊？”

殷夫轻叹了一声，说道：“嗨！——到如今，我总算想明白，还是赤条条一个人，来去自由无牵挂，都好呵！”

“你跟那位盛姓女友，不是相处过挺长一段时间吗？”

“唉！我们出生入死的人……拖累伤及人家多不好呵……我的阅历世故告

诫我，许多革命者的妻女，往往成了敌人制服革命者的一根软肋……”

“嗯——你说的——很有见地……”李伟森若有所思地说，

“为了理想信仰我们革命者能将自己的生死置之度外，但实在不忍心让我所爱的人，也因为我的政治信仰而遭受百般的折磨和戕害……”

沉默了一会，李伟森又低声地说：“组织上通过‘互济会’，送了些衣服、书籍、药品和钱进来，其中有你们想读的外文书呢。”

殷夫高兴地说道：“哦！——那真太好了！”

## 五十二

监狱，几间刑讯室里，受刑人的惨叫声和行刑人的嚎叫声此起彼伏，更显阴森恐怖。

戴手铐的殷夫被宪兵押进一间特别审讯室。陈设还显雅致，收音机里播放着轻快的音乐……

宪兵将殷夫的手铐打开后，退了出去。

戎装的朱凡波从座椅里站起，一副得胜武夫的骄横样子：“呵，殷夫老弟，久违了。”

殷夫轻蔑地扫了他一眼。

“我们俩自打上次见面交谈后，也可算作是熟人了啦！当然可以随便放松一些……老实说，你诗人的名声之大，真可谓是如雷贯耳呵！……

“你天资聪颖、才貌双全，中德文俱佳，还能写一手好诗，真是一个出类拔萃、不可多得的人才呵！”

殷夫不动声色地回了一句：“我很抱歉，让处长你失望了！”

朱凡波背手踱着步，说：“古人云，‘人生不满百，常怀千岁忧，昼短苦夜长，何不秉烛游。’历来的文人墨客，哪个不是主张人生在世，饮酒赋诗，应当及时行乐呵？”

朱凡波见殷夫若无其事的样子，有点悻悻地生气道：“你们这帮年轻文人，真把上海当作‘东方莫斯科’啦？……宣传赤化共产……那都是要被抓起来，杀头的！……

“要知道，在这个生死关头，聪明人是必须要低头的！……说死——拉出去，我就把你给枪毙了！

“说活——，同意跟我们合作，签个字，我就可以把你给放了！……唉！真可惜呵，真可惜呵！好端端的一个青年才俊，何苦要执迷不悟，为僵死的信条理想，而驱使卖命，这也未免有点太糟蹋生命了吧！”

“呃——糟蹋生命？”殷夫冷笑了一下：“你可说错了。我们活着，我们热爱生命、热爱祖国、热爱人民……所以才会全身心地为理想而去努力抗争，去争取光明的前途。也许我的生命将会是短暂的，但这并不重要，为人民大众的事业而献身的革命志士，人民是会永远铭记他们的……”

“嘿嘿，我可知道你的嘴巴一定会挺硬的呃！……但恕我直言，你们共产党人的思维言行，真是荒谬透顶，不可理喻呵！……在我看来，人生就是角斗场。关键是怎么化最小的代价，获取最大的利益！……小老弟，你再好好想想：

世界上哪有不为自己而活着的人呢？”

殷夫冷峻地回了一句：“谢谢！你这套市侩哲学，我可没学会……”

朱凡波有些被激怒正想发作，但又忍了下来：

“敬酒不吃吃罚酒！这又是何苦呢？……好吧，本来今天我专门特地过来，一是因为惜才，想再给你一次悔过自新的机会……二是因为看在你远在德国的大哥面上，想再拉你一把！你却还是鬼迷心窍、顽固不化非要做个丧家之犬，非要落个极其悲惨的下场……那我也就爱莫能助，无能为力啦！”

说完静寂一会，他又伸手去按了下电铃。

宪兵走进来粗暴地押走了殷夫，朱凡波沮丧地瘫软在座椅里。

殷夫在《别了，哥哥》一诗中告白道：

别了，我最亲爱的哥哥，
你的来函促成了我的决心，
恨的是不能握一握最后的手，
再独立地向前途踏进。

真理和愤怒使他强硬，
他再不怕天帝的咆哮，
他要牺牲去他的生命，
更不要那纸糊的高帽。

这，这是你弟弟的前途，
这前途满站看危崖荆棘，
又有的是黑的死，和白的骨，
又有的是砭人肌筋的冰雹风雪。

别了，哥哥，别了，
此后各走前途，
再见的机会是在，
当我们和你隶属着的阶级交了战火。

## 五十三

监狱室内，林育南情深意长地对狱友们说道：“今年是我党成立十周年的大庆之年，全国苏维埃代表大会也正积极筹备即将隆重召开！作为全国‘苏准会’的秘书长，我真是还有太多、太多的工作要做哪！……

“昨天，我在统铺床头的墙上，特地刻了一面镰刀斧头的红旗，并将自己的名字也写在上面，其含意，就是要每天每日，都要严肃地面对党旗，履行我入党的誓言、实践我对党的忠诚！……”

听罢此言，殷夫及其他难友顿生敬意，纷纷表示也要效仿，以此表达誓死不屈的信念。

冯铿、李文、伍仲文等女难友，趁到监狱井台边洗衣物的时候，经常帮着给几间大监舍的男难友们传递些书籍信件和其他生活物品……这也是她们所享受到的与男难友不一样的优待照顾。

男监舍里，殷夫和柔石、欧阳立安们在囚室内读书学习……

殷夫拿着一本探监时外面组织送进来的德文版《裴多菲·山陀尔诗集》当课本，一个一个单词、一句一句语句，耐心细致地给柔石他们教授着德语，先用一遍德文，再用一遍中文：

“生命——的多少——用时间——计算；……生命——的价值——用贡献——计算。……”

殷夫在译诗《青年的进军曲》中呼啸道：

当我们和着他们共同
高唱雄壮的胜利歌声，
我们要从疲乏颤抖的手中，
取过红旗傲然高擎！

现在可毫不犹豫惊恐，
坚决地进行彻底的斗争。
哈，揣在我们的胸中，
是青年的生活，前程！

在老年人是风暴，在我们——

漫漫长夜后的光明；

我们是工人和农民的青年，

前进、前进、前进、前进、前进！

## 五十四

南京总统府，蒋介石委员长当面指示国民党中央党部秘书长、组织部部长陈立夫：对林育南进行“劝降”，然后登报宣传。

二月初的一天晚上，国民党中央秘密地用专机，把林育南从上海龙华监狱，悄悄地押解到南京国民党中央党部。

林育南被带进一间高大宽敞的会客厅。一个特务对他说：“你在这里坐一会儿，陈部长马上要来同你谈话。”

他坐了一会儿，面清目秀，头发齐整，一副儒家文人仪表的陈立夫，带着几名高级特工走了进来了。过去，林育南未与陈立夫见过面，只在报纸上看到过他的文章和照片。

陈立夫走到林育南身边坐下，然后自我介绍说：“鄙人是陈立夫……”

林育南望了陈立夫一眼，没有做声。

陈立夫笑了笑又说：“秘书长先生，让你受委屈了。”

林育南：“谈不上受什么委屈！”

“秘书长先生，”陈立夫接着说，“如今你们共产党，已是病夫之体，衰败不堪啦！”

“对不起，我的看法正好同你相反！”

“嘿嘿，”陈立夫从沙发上站起来，走了几步又回过头说，“育南兄，看看如今你们共产党内部，内讧争斗激烈频发，已到了分崩离析一蹶不振的地步。只可叹‘兄弟阋于墙，岂可再外御其侮呢？’……

“这一次在东方旅社和中山旅社，你们党的大批得力干部，被一举抓捕，究其原因，恐怕我不说，你也能猜得到一二！……尽管你们还在分头活动开会，想努力扭转颓势，力争有所作为，但这一颓势败局是已经注定，很难再挽回的了！这一点，育南兄，你也应该明白吧……

“立夫已请示过总裁，为了爱护有作为的青年英才，我党想方设法要争取挽救你们这批人才，并愿意给你们安排一个很好的出路。”

林育南鄙视地盯着陈立夫说：“我可以断然地回答你，你们的如意算盘肯定是打错了！”

陈立夫悻悻地说：“那请你谈谈，你拒绝和反对的理由好吗？”

“很简单嘛，”林育南说，“作为中统的头头，你通过某人或某渠道，可能了解到我们共产党里面的一些内部情况，但并不表示你已经真正了解我们共产党人！”

陈立夫边摇头边说：“以秘书长先生的气质才华，本来可以为党国做成些大事，可惜却不知道为什么，竟迷上了一个完全是空想，又没有多大希望的共产党？”

林育南听到这里，气愤地站起来说：“陈立夫先生，我不允许你诬蔑诽谤我们的党。中国共产党是用马列主义理论指导的革命政党，它代表着中国人民的利益，其宗旨是为广大民众谋福祉。我们党肩负着为劳苦大众翻身求解放的重任，这是一个既伟大，又崇高的事业。

“这样一场既艰巨繁重而又十分困难复杂的革命斗争，哪能不发生一些缺点和错误？组织内部哪能一点争论也没有？你把我们党内正常的争论说成是内讧、分裂，那就是大错特错了！老实讲，在我们党内虽有争论，但对外部你们却是一致的。要推翻旧社会，建立新中国的目标也是一致的。目前，我们的党虽然还很弱小，还没有执政，但它却是一个具有强大生命力，又很有希望、很有前途的党！”

“秘书长先生，你觉得——”陈立夫边摇头边说：“就你们那几个人，出没在穷乡僻壤、山沟沟里，凭那几条破枪、几把锈刀，能打败推翻我们国民政权吗？”

“一定能够打倒！”

“你们的红军在荒无人烟的深山老林里，如同乞丐流寇似的打打游击，就凭这点力量还能打胜仗？我就不信：你们共产党人有这么大的本事！”

林育南马上反驳道：“目前，我们的红军，正被你们封锁、追击、围剿，生活确实很艰苦。但这种苦，我们共产党人，包括我们的红军将士，都早已有所准备，我们把艰苦磨砺当作是革命胜利的必经阶段。我们以苦为乐，以苦为荣，这就是我们共产党人的革命乐观主义。我看，要不了多久，我们革命的武装就能战胜你们反革命的武装！不过，到那个时候，我看吃苦头的，恐怕就是你们国民党啦！”

陈立夫轻蔑地一笑：“陈胜、吴广胜利了吗？李自成、张献忠胜利了吗？洪秀全从苦难走向欢乐了吗？你们共产党人想得很美，讲得也很动听，但那不过多是痴人说梦罢了！”

“我们不是陈胜，不是李自成、张献忠，也不是洪秀全！”

“怎么不是？他们造反，你们也造反……”

“部长先生，”林育南理直气壮地反驳道，“我们是成立于二十世纪的中国共产党！中国共产党有马列主义理论为指导、有党的宗旨和纲领、有严密的组织和钢铁般的纪律，还有大片的革命根据地。更重要的是，我们代表人民大众，有广大民众的支持和拥护。我们拥有历代农民起义所不具备的优势，所以我们能够取得最后的胜利！”

陈立夫连连摇头道：“你们共产党人的思维言行，极其异端荒谬，常人是无法理解信服的呵！……”

林育南不想再论战下去，对陈立夫说：“你们用专机将我弄到南京来，而且又有你这样高官员出面来劝降，可谓费尽心机、用心良苦。为了不再浪费时间，我实话告诉你吧，你们花这么大的力气对我劝降，真是太幼稚了。你们要我放弃我的信仰和工作，作为对我生命安全的交换条件，那是根本不可能的。”

“秘书长先生，你还很年轻，只要跟我们合作，忠于三民主义，肯为党国效力，你的前途，定将会无可限量哪！”

林育南大义凛然地回答道：“从我加入共产党的那一天起，就已向我们的党组织宣誓，要保守秘密，永不叛党，为共产主义事业奋斗终身。我现在虽然身陷囹圄，但心在狱外，还有无数优秀共产党人正在英勇奋斗。可以肯定地说，要不了多久，共产主义的星星之火，就将会在中国的大地上熊熊燃烧起来，这股燎原的野火，势将把你们烧得无处躲藏。胜利必将属于无产阶级，天下必将属于伟大的中国共产党！”

陈立夫他仍不甘心，又将手往上一扬说道：“来吧！你可以和我们，进行一次不公开的合作嘛！”

林育南不予答理，拒不伸手，过后才冷冷地说道：“孔子曾说过，‘道不同不相为谋。’我们信仰不一、立场迥异，何以奢谈什么合作呢？！”

陈立夫颇显尴尬地缩回手，又说：“秘书长先生，要知道人生在世，生命可只有一次。我想你是个聪明绝顶的人，定能悟透其中的道理——今天我要劝你一句话：人死后，那是不能复生的！千万别让你老父母、你妻儿白白疼爱你一场呀！……”

“这我已经想过了。俗话说，落在牛头马面手里，就不怕去见阎王！我的生命是属于人民，属于我们党的。我想，只要我是为党的伟业而死，为人民的福祉而捐躯，我就心满意足了。而且，我也深信：我的家人一定会为我而自豪的；我们的党和人民也是不会忘记我们的！”

陈立夫颇为震怒，感到蒙受了莫大的耻辱，他按捺不住怒火，发泄道：“真是榆木脑袋，顽固不化……”

在国民党上层，陈立夫的学识理论可算是出类拔萃的。却没有想到，此番劝降，只落个竹篮子打水一场空。特别令其难堪的是，原准备拍的一张“两党秘书长握手”的“政治宣传照”，也因林育南的手始终不肯伸出来，致使在场的国民党特工举着照相机，却按不下快门而最终泡汤。

特务押走林育南后，陈立夫在会客厅里怒气未消，不停地来回踱步转圈，又恶狠狠地喊了一声："对这样的共党首领分子，唯一只有用子弹来解决！！"

殷夫在《奴才的悲泪》一诗中自白道：

主人，你万主之主，
用火烧我的骨吧，
用铁炼我的皮吧，
我是你最忠诚，
最忠诚的奴才。
你残暴的高压，
已燃灼了叛乱的火焰，
你拙笨的手腕，
已暴露了你苍白的假脸，
你狂跄的步调，
报道已走到坟墓前。
愿哟，天，
把你的眼光迴转，
奴隶们只尚为欺骗，
革命的火焰，
只有用温水还得暂时敌对。……

# 五十五

当天晚上，国民党就只能再用专机将林育南送回上海。

林育南回到狱中时，已是子夜十二点了。难友们这才知道他今天是被押解去了趟南京，纷纷向他打听在南京受审的情况。

林育南只好不顾一整天颠簸受审的劳顿，连夜向难友们讲述了在南京舌战陈立夫的详情经过。

大家听后，情不自禁地拍手称快，同时也感觉到前路会更加的险恶难测。

牢房墙角处，林育南低声地同李伟森耳语道："唉——这次大规模被捕事件的背后，看来是有点复杂！……我们这些人的真实情况，敌人怎么会掌握得那么一清二楚？！"

李伟森沉吟道："我也感觉到，有点非同寻常的诡异和蹊跷！……"

林育南忧心忡忡地又说道："唉——这比那些，拿着刀枪在阵地上面对面开火的人，还要阴险残酷。真是'明枪易躲，暗箭难防'呵！……"

李伟森略感意外地吁叹道："——真让人连想都不敢想哪！……怕的就是，这种最可悲，最寒心的怪事发生呵！……"

两人沉默不语，苦思良久……

殷夫在《我们》一诗中写道：

我们的意志如烟囱般高挺，

我们的团结如皮带般坚韧，

我们转动着地球，
我们抚育着人类的运命！

我们是流着汗血的，
却唱着高歌的一群，
目前，我们陷在地狱一般黑的坑里，
在我们头上耸立着社会的岩屋。

没有快乐，幸福，……
但我们却知道我们将要得胜。
我们一步一步的共同劳动着，
向着我们的胜利的早晨走近。

## 五十六

趁狱中放风，何孟雄将一份狱外传进来的“给共产国际的意见书”，悄悄递给林育南、李伟森看。

这是一份由罗章龙、徐锡根、王克全、何孟雄、王凤飞五人任常委，罗章龙为书记的“临时中央干事会”撰写的意见书，意见书中痛切陈词：米夫无视中国共产党成立十年来已有一大批德才兼备的干部队伍的现状，而专横武断地硬将一小撮亲信，作为改造中国共产党唯一的干部来源，这一教条主义的实验，肯定是错误和危险的！

看完这份意见书，林育南、李伟森也先后在上面郑重地签了名。

何孟雄一边收起意见书，一边说道："我会尽快把我们这里的意见转送出去：'坚持党内斗争，不要分裂，这是最要紧的事！'……"

劝降失败后，第二天陈立夫即打电话报告了蒋介石。

蒋介石甚为气愤，骂道："敬酒不吃吃罚酒！……对这些顽固不化的家伙，只有一个字，杀——！"

蒋介石的指令，又很快传到了远在六百多里以外的上海龙华……

龙华监狱典狱长办公室，灯光通亮。

办公桌上，摆着南京来的"就地秘密处决"的"必杀令"。

秘书又急匆匆送进来一份文件："这是警备司令部军法处拟定的处置计划——请典狱长过目。"

典狱长接过文件看着，电话铃响了……

他拿起电话："嗯！——什么、什么？迎新晚会？……"他勃然大怒地喊道："妈的，立即禁止他们胡闹！"他狠狠地甩下电话……看完了那份文件，他拿起笔在上面签上字，神情沮丧地将手插进头发里。

猛地典狱长又站了起来，对秘书命令道：

"通知宪兵连，全体操场集合，有紧急任务！"……

殷夫在《伟大的纪念日》诗中写道：

纵然，冷雨的飞沫翻腾，
在我们，这是血波的汹涌，
纵然，凄风的锐剑刺骨，
猛烈的火焰煽起在我们胸中。……
没有血水的灌溉，
光明火种不会灿烂，
没有风雪的冬宵，
新春的温阳永难到来……

我们宣誓过：
我们永不悲悼，
我们记清这血的债数，
我们死也难忘掉！

## 五十七

1931年2月7日入夜，龙华监狱内。

狱中每晚例行的点名时间，却出现了异常情形：监狱典狱长亲自来了，还带来了十几个持枪的宪兵，每人手里都拿着个手电筒。

他们按牢房顺序，逐个给犯人点着名，点一个名字，就用手电照一下囚犯的脸，……

点完名，大家照例应该是去睡觉了，但在寒气逼人的隆冬长夜里，似乎正有一股诡谲而不祥的阴风在上空飘荡……大家都不想睡，互相依偎紧靠在一起，轻轻地说着什么……。

此刻，狱中甬道里传来一阵阵脚步声，宪兵依次提人。

一股阴森恐怖的沉重气息笼罩住了整个监狱。

狱警和宪兵一会儿到了殷夫所在的监舍，由狱警一连叫了几个名字："林育南、李伟森、赵少雄、徐殷夫、杨国华、王青士、李云卿……出来！……"

同牢的有个牢友过来帮助柔石整理好镣带，又撕开了被单，帮他吊在两镣之间，以便走路时可以提着，免得磨破皮肤。

这时欧阳立安（即杨国华）问狱警："喂，这么晚了，喊我们起来做什么？"

狱警说："南京已造好了新的大牢，现在要赶乘最后一班火车，连夜把你们解送到南京去。"

大家听了，只能是将信将疑。

狱警和宪兵再走到何孟雄所在的监舍，狱警又叫了一串名字："何孟雄、蔡博真、恽雨棠、胡也频、彭砚耕 、龙大道、罗石冰……出来！"

殷夫、柔石和牢友分别时，牢友柴颖堂还叮咛道："同志们，你们到了南京，一定要来信呀！"

柔石没有出声，随手交给柴一包东西，说："这些东西请你给我们好好保管，将来会有用处的。"

柴颖堂翻开一看，原来是柔石、殷夫几位难友近时在狱中写的文章，于是马上收好。

狱警和宪兵又走到女囚室门前，也叫了几个名字："李文、伍仲文、冯梅岭，出来！"

三人同其他几个女牢友相互勉励了几句后，又将头发、衣服整理了一下，然后冯铿和伍仲文两人小心地搀扶着已有几个月身孕的李文，拖着沉重的脚镣，慢慢走出了女牢……

此刻，恐怖气氛浓重得几乎令整个监狱窒息……

此时好似响起殷夫诗篇《我们是青年的布尔什维克》坚毅齐整的集体朗诵声：

我们是资产阶级的死仇敌，
我们是旧社会中的小暴徒，
我们要斗争，要破坏，
翻转旧世界，犁尖破土，
夺回劳动者的山，河！
……
你们悲泣吧，战栗吧！
我们要唱歌，要跳舞，
在你们的头顶上，
我们建筑起新都！
在你们伪废墟上，

我们来造条大路！
共产主义的胜利，
在太阳的照耀处。
我们不怕死，
我们不悲泣，
我们要破坏，
我们要建设，
我们的旗帜鲜明：
斧头、镰刀和血迹。

战斗的警钟响彻了天空，
是时候了，全世界无产青年快团结！
齐集在共产青年团的旗下，
曙光在前——
准备刺刀枪炮，袭击！

# 第九章　在黑夜中捐躯

## 五十八

黎明前凛冽的黑暗中，昏暗的监狱甬道里响起一片“哧啷啷、哧啷啷”的脚镣拖地声，和押解宪兵的吆喝声……

殷夫和林育南等二十四位同志被押到龙华监狱内一间特设法庭。

上面一排高椅上坐着法官、书记员等人，旁边两个人拿着执行书，看着照片，核对了每个人的脸，然后要他们盖指印。开始时，前两个同志以为这是解到南京去的公文，糊里糊涂就盖上了指印。

第三个轮到柔石，他在盖手印前看了一下文件，只见上面写着“验明正身，立即绑赴刑场枪决”几个字。他怒不可遏地将执行书一推，转过身来，对后面的人喊道：“同志们，这是死刑执行书啊，我们不盖指印！”

欧阳立安正在他背后，一听就喊了起来：“为什么骗我们，说是解送到南京去？”

殷夫坚毅地喊道：“想让我们低头服罪，休想！”

殷夫在著名译诗《格言》中写道：

生命诚宝贵，

爱情价更高；

若为自由故，

二者皆可抛。

后面的同志也愤怒地吼着：“这算什么法庭？我们犯了什么法？”

“这是不审就杀！”

“打倒恶棍刽子手！”“打倒国民党反动派！”……法庭上一阵大乱，同志们有的打碎玻璃窗，有的拿起凳子向法庭扔过去。

惊慌失措的几个法官交头接耳地商量了几句，就急忙吩咐宪兵连长：“快——快！——立即拖出去执行！”迅即灰不溜秋地躲闪到后面去了。

法庭上更加喧闹混乱，二十四个人用尽力量猛跺地板，“咚、咚、咚咚……”震得房子和电灯都乱晃起来……

凶神恶煞的宪兵们上来押人，同志们面无惧色，勇敢地相互挽起肩膀，坚毅地抗争着不出房间，宪兵用刺刀逼也不管用。

宪兵连长又下令，让宪兵们一个个地把人拖出去，一边拖一边还用枪托打，有的难友被打得倒在地上，站不起来……

殷夫在《梅儿的母亲》一诗中感怀道：

嘿，外面是声音，声音，
生命在招呼着生命，
解放，自由，永久的平等，
奴隶，是奴隶们在博争光明！

上前哟，劳苦的兄弟们，
不怕流血，血才染红旗旌，

世界的创造者只是我们，
我们要今天，今天杀尽魔君！

母亲让我呼吸，让我呼吸，
我的生命已在这个旦夕，
但使我这颓败的肺叶，
收些，收些自由气息！

别窒死了我，我要自由，
我们穷人是在今日抬头，
我是快乐的，亲见伟举，
死了，我也不是一个牢囚！

## 五十九

刑场设在监狱旁一块荒芜的空地上，一群如狼似虎、荷枪实弹的行刑队正举枪待命……十几条步枪和轻机枪乌黑锃亮的枪口，在黝暗的冬夜里闪着寒光……

二十四位男女难友分站成两排，尽管他们衣衫不整、头发凌乱、胡子拉碴，有些已受了伤，额头上还流淌着鲜血……但他们依然昂首挺胸地站着，他们的双眸，仍像金子般的闪亮……

冯铿紧扶着柔石的肩膀站立着，她庄重而动情地说了一句：“让我们俩就这样相亲相爱地，手牵手，一步一步，一起走上去天堂之路吧！……”

柔石紧握住冯铿的右手，激动地说：“好的，我们俩终归是走在一起啦！”

这边，还有中共南京市委书记恽雨棠紧紧地搀扶着他那已怀有几个月身孕的妻子李文，眉宇间依然充满着坚毅和安详……

无言中似乎听到年轻的准妈妈——李文哀婉的心声：“亲爱的孩子，妈妈对不起你，没能坚持活到让你降生，看到这个世界的那一天！……”

她们旁边，年轻妻子伍仲文和她的丈夫、中共上海沪中区委书记蔡博真也情真意切地挽臂并肩站在一起；……

林育南、何孟雄、李伟森、徐殷夫、胡也频、欧阳立安、龙大道等同志都视死如归地屹立着，酷似一组气宇轩昂的遇难烈士的铜雕塑像……

一个雄浑有力的男中音带头唱起了《国际歌》，随后跟进了几十个人整齐划一的男女声合唱，雄壮的歌声驱散了拂晓前寒夜的窒闷沉寂……

歌声一阵又一阵，更加的激越高亢……

一个执刑官猛地挥了下戴白手套的手，刺耳地叫道：“瞄准——射击！”

“叭——！叭——！叭——！”突兀地响起了清脆刺耳划破夜空的枪声！

伴随着同志们壮烈的《国际歌》声和“打倒国民党反动派！”“打倒蒋介石！”“中国共产党万岁！”“中华苏维埃万岁！”的口号声。

国民党行刑队的轻机枪，也“嗒嗒，嗒嗒……”震耳欲聋般疯狂地扫射起来……

此刻，龙华烈士们互相搀扶着，拼尽最后的力量多驻足站立一会，不愿就此永远地倒下！……

满腔的热血已经沸腾，

要为真理而斗争。

旧世界打个落花流水，

奴隶们起来，起来。

犹如灰褐色的黑白影片镜像，雕塑般巍然挺立着二十四位牺牲烈士的遇难群像，炯炯有神、注目远方……

渐渐的有几绺红色的血痕，自上而下慢慢流淌下来，渐渐弥漫在整个视野之上……

过一会儿，枪声渐渐稀疏，歌声也少了几分，大约还有五六个人在唱；接着枪声又继续响起来……

不要说我们一无所有，

我们要做天下的主人。

这是最后的斗争团结起来到明天

只剩下一个人的歌声依然不止；最后一阵枪响之后，这最后的歌声也沉寂了下去……

这是最后的斗争，

团结起来到明天。

……

天边渐渐透出一线光亮，那金红色的旭日阳光，充满着诗意的关怀，爱抚在铜铸雕塑群像般的二十四位烈士身上。

他们的神态，依然保持着临刑时的那付坚毅安详、气宇轩昂的神态，宛如一尊名为“青春赞歌”的英雄群体塑像……

静寂中可以看到他们的头顶上发散出的那道奇幻光圈奕奕的闪亮……

隆冬，寒风凛冽，庄严伟岸的龙华塔下，由弱至强，似有雄壮的颂诗风的旋律再次响起，伴有男女鼻音和声的狱中悲歌一曲，饱含着无限思念、如泣如诉的深切怀念之情……

殷夫在《让死的死去吧！》一诗中豪迈地写道：

让死的死去吧！
他们的血并不白流，
他们含笑躺在路上，
仿佛还诚恳的向我们点头。
他们的血画成地图，
染红了多少农村、城头。

他们光荣地死去了，
我们不能向他们把泪流，
敌人在瞄准了，
不要举起我们的手，

让死的死去吧，
他们的血并不白流，
我们不要悲哀或叹息，
漫漫的长途横在前头。

他们尽了责任，
我们还要抖擞。

# 第十章　为了永远的纪念

## 六十

苍茫大地一片漆黑。

冥冥寂寥之中，静默像乌云一样迅速漫溢开来……

鲁迅先生在临时避难的居所，写下了著名的一文《为了忘却的记忆》：

夜正长，路也正长，我不如忘却，不说的好罢。但我知道，即使不是我，将来总会有记起他们，再说他们的时候的。……

鲁迅肃穆地站在客栈的院中，周围是堆着的破烂的什物；人们都睡觉了，连先生的妻子和孩子也都熟睡了。

先生深邃的目光注视着远方，胸中愤懑地默念着：

我沉重的感到我失掉了很好的朋友，中国失掉了很好的青年！我在悲愤中沉静下去了，然而积习却从沉静中抬起头来，凑成了这样的几行诗句：

惯于长夜过春时，挈妇将雏鬓有丝。

梦里依稀慈母泪，城头变幻大王旗。

忍看朋辈成新鬼，怒向刀丛觅小诗。

吟罢低眉无写处，月光如水照缁衣。

鲁迅书房书桌上摆放着刚刚印好，即将出版的一沓“左联”秘密文学刊物《前哨——纪念战死者专号》，专刊中鲁迅发表了《柔石小传》《中国无产阶级革命文学和前驱的血》等文章。

鲁迅目光凝重而透射出悲愤……

书橱的一角码放着一沓文稿，那是殷夫的遗诗集《孩儿塔》和柔石的部分遗稿。

墙上一幅德国女画家凯绥·珂勒惠支的著名版画《牺牲》——

一个瘦弱的母亲，悲哀地闭上了眼睛，双臂合拢，心疼地捧交出自己的孩子……

我们现在以十分的哀悼和铭记，纪念我们的战死者，也就是要牢记中国无产阶级革命文学的历史的第一页，是同志们的鲜血所记录，永远在显示敌人的卑劣和启示我们的不断的斗争。

1936年3月，鲁迅婉谢了去苏联治疗肺病的邀请，不顾自己病重体衰，却尽心竭力为殷夫这位“忘年交”的亡友，整理出版殷夫的遗诗集《孩儿塔》，他在《白莽遗诗选序》中感叹道：

一个人如果还有友情，那么，收存亡友的遗文真如捏着一团火，常要觉得寝食不安，给它企图流布的。这心情我很了然，也知道有做序文之类的义务……

这《孩儿塔》的出世并非要和现在一般的诗人争一日之长，是有别一种意义在。这是东方的微光，是林中的响箭，是冬末的萌芽，是进军的第一步，是对于前驱者的爱的大纛，也是对于摧残者的憎的丰碑。一切所谓圆熟简练，静穆幽远之作，都无须来作比方，因为这诗属于别一世界。

1931年3月12日，当时在上海地下出版的中国共产党机关报纸《群众日报》，由周恩来同志撰稿发表了社论《反对国民党残酷的白色恐怖》，严正控诉国民党反动当局的残暴行径。文中写道：

国民党又惨杀我们23个同志……何孟雄、林育南、李求实等二十三个同志，他们都是无产阶级的先锋战士，他们大多数都有英勇的阶级斗争历史……他们在帝国主义国民党残酷的摧残中，仍表现其对统治阶级反抗的坚决，为阶级斗争而牺牲的慷慨激昂……何孟雄等同志的牺牲，自然是革命中的巨大的损失！

烈士牺牲的十四年后，1945年4月20日，在延安杨家岭中央大礼堂召开的中共中央六届七中全会上通过的《关于若干历史问题的决议》中，对林育南、何孟雄、李求实(即李伟森)等烈士作了高度评价：

林育南、何孟雄、李求实等二十几个党的重要干部，他们为党和人民做过很多有益的工作，同群众有很好的联系，并且接着不久就被敌人逮捕，在敌人面前坚强不屈，慷慨就义……所有这些同志的无产阶级英雄气概，乃是永远值得我们纪念的。

中国共产党人敢于坚持真理、勇于纠正错误。这个迟来的党中央正式决议是献给龙华“二七”二十四烈士们一个盼望已久的政治告慰！迟来的公正，也还是公正，总比没有要好得多!

安息吧！我们的好同志、好战友！

## 六十一

在申城南隅、浦江西岸，耸峙着一座始建于公元 247 年三国时期吴国的，已有一千七百年历史的著名古寺塔——龙华塔。

它的塔身八面七层，挺拔纤细，轻灵飘逸，它飞檐高翘、玲珑俊俏、姿态雄奇。世人均說：它融入了众多吴越文化元素 . 是吴越申城地域性建筑文化的典型代表。其实它又何尝不是龙华烈士陵园里众多捐躯牺牲烈士英魂精神的物化化身呢?

在上海龙华千年古寺塔下，现已建起了一座占地 19 万平方米，静谧庄重的“龙华烈士陵园”，那里林木繁茂、绿草如茵、布局严整、庄严肃穆、高尚大气、白鸽翩翔、人流不断。

圣洁的草坪上，有一方枣红色花岗岩墓碑下，埋葬着诗人和他同伴们的忠魂遗骨……

上海龙华，每年春天，嫣红的桃花盛开得像一片片红云……

春风和煦，一簇簇绽放的桃花，殷红殷红、成片成林、红白相间、铺天盖地，形成了一片徐徐舞动的花的海洋……

龙华烈士陵园无名烈士雕塑

偌大的陵园里，每条路径旁桧柏常青。在一片呈斜坡状缓缓升起的青草坪上，有一尊巨型白色花岗石的无名烈士雕塑。烈士的身躯侧身倒卧在地，与绿色的大地融为一体。人们看不见他的面孔，却可看见他傲岸雄伟的躯体、不屈的脊梁和伸手托起苍穹的臂膀。

他背对着我们，一半的身躯已经被埋在了土里，可是另一只左手却还在伸向蓝天，象征着烈士们誓死不屈，坚持着他们的崇高理想信念，托起了人们对未来的美好希望。在庄严肃穆的碧绿草坪和松柏间，有无数鲜艳的花朵正在盛开，显得格外的生气勃勃、春意盎然！

雕塑前方，昼夜燃烧着一支火炬，这是一捧席地的“长明火”，是一处永不熄灭的圣火，预示着先烈们生生不息的生命火花和后人们绵绵不绝的永恒纪念。

1935年，有一位同志也被囚禁于国民党上海龙华警备司令部看守所，偶然看到牢墙上题有纪念殷夫、柔石等二十四位烈士的遗诗一首，随即迅速抄录下来……诗中以桃花比拟作烈士的鲜血，钦仰赞美烈士们的精神永存不朽。

龙华千载仰高风，
壮士身亡志未终。
墙外桃花墙里血，
一般鲜艳一般红。

在诗人的家乡——浙江象山大徐乡修建有一栋烈士故居陈列馆，附带有一座“绿色泛滥的后园”——“兰亭”园。

每年，殷夫故居都会迎来络绎不绝的参观者。一批一批的来访参观者中，有戴红领巾的小学生，他们排着整齐的队伍在殷夫半身像前敬礼、鞠躬；

有许多中青年党员亦在殷夫的半身像前，举起右手，庄严宣誓入党；

还有不少的白发苍苍的老人在殷夫诗文作品手迹前驻足端详沉思……

象山还有一所以他姓名命名的“殷夫中学”及一尊洋溢着青春活力的白

色雕像，足见诗人家乡的政府和人民，对殷夫烈士怀着多么深厚的崇敬和爱戴呵……

在浙江宁海县、福建省福州市、湖北省黄冈市、湖南省炎陵县，也先后建有柔石、胡也频、林育南、何孟雄等龙华“二七”烈士的故居纪念馆，让后人们可以常年前往参观瞻仰、凭吊怀念。

一群矫健的白鸽，
欢快的振翅飞翔着，
从宽阔平缓波涛不兴的
海天之间掠过，
又轻快舒展地，
飞过高楼林立的城市上空……

俯瞰绿树掩映的陵园，
宁静肃穆的背景上，
耸立起一座伟岸挺拔的大型纪念碑，
赭色的碑石上镌刻着七个金色大字：

## 丹心碧血为人民

1959 年 6 月，毛泽东在新中国成立后第一次回到了他自己的故乡韶山。面对离别三十二年的故园，他思绪万千地奋笔写下《七律 · 到韶山》：

为有牺牲多壮志，
敢教日月换新天。
喜看稻菽千重浪，
遍地英雄下夕烟。

1978 年 2 月初稿
2019 年 2 月改写
2020 年 3 月再改

# 殷夫年表

1910 年 6 月 11 日（阴历 5 月初 5 端午节）

诞生于浙江省象山县大徐村。

1916 ~ 1920 年

私塾：就读大徐义塾。

1920 年 1 月

父病故，享年 54 岁。

1920 ~ 1923 年

就读象山第一高等小学，学名徐祖华。

1923 ~ 1926 年

就读上海民立中学，暑期在杭州与盛淑真初次相识，开始鸿雁传书。

1926—1927 年

就读上海浦东中学，高三插班生，曾参加上海第三次武装起义外围学生运动。

1927 年

4 月 ~ 7 月，因“小人”告密而第一次被捕，经大哥营救出狱。

9 月，同济大学德文补习科学习。

1928 年

年初，加入太阳社，第一次发表诗作，恢复组织关系。

6 月，在声援山东济南惨案、反日示威游行时 第二次被捕。

8 月，下旬由大嫂营救出狱。

9 月，与同济俩同学王顺芳、陈元达一起返象山家乡，在女校代课，与盛淑真共事。

1929 年

3 月，重新找到党组织，成为职业革命家，开始了红色鼓动诗的创作。

参加“五一”示威游行，发传单、喊口号。

6 月，与鲁迅通信，讨论有关裴多菲的诗集原文。

7 月，在上海丝厂罢工斗争中第三次被捕入狱，惨遭毒打仍坚强不屈。

8 月 18 日，被释放后，第三次去拜访鲁迅。

9 月，盛淑真来信告之，已考取上海法学院。

10 月，任团中央宣传部干事，在部长李求实领导下，编辑《列宁青年》机关刊物。

1930年

年初，着手汇编《孩儿塔》。

3月2日，参加“左联”成立大会，殷夫为发起人之一。

5月29日，左联借虹口日本记者俱乐部召开第二次盟员大会，到会五十多人，殷夫参加。胡也频、柔石作参加全国苏维埃区域代表大会的传达报告，鲁迅出席。

8月，团中央决定：《列宁青年》从月刊改为周刊，殷夫执笔作《“周刊”的“列宁青年”》一文。

1931年

1月16日，上午，在静安寺一爿木器店楼上，召开左联全体党员大会，传达六届四中全会决议，大家议论纷纷，颇有不同意见。下午在东方旅社讨论全会决议——实质是抵制王明路线的会议。

1月17日，下午一时四十分在东方旅社31号房间被捕，同时被捕的有柔石、冯铿、胡也频、林育南、李云卿、苏铁、彭研耕等人。

1月19日，江苏高法第二刑庭，开庭审理。

1月23日，转至龙华警备司令部军法处看守所。

2月7日，深夜，反动派诡称转移南京，诱骗难友们在死刑判决书上盖手印，群起抗议，军警们凶相毕露，强行押解难友们至牢房荒场，随即行刑枪杀。

## 以下图书已经出版，敬请关注

《中国共产党早期在上海史迹》

中共上海市委党史研究室　上海市文物局编

（入选《上海党史学习教育推荐书单》）一本非常有上海特色的党史读本，第一次将历史地图、历史影像及建筑档案图纸等结合起来，在城市环境下呈现红色空间。全面介绍中国共产党中央机构早期在上海的活动史迹，见证中国革命艰难困苦的奋斗岁月。

《我的 1945——抗战胜利回忆录》

（入选中宣部 100 种主题出版物）

一本史诗般的回忆录，全景式记录抗战胜利前后的巨变及其对中国人日常生活的影响。

前后历时 4 年，足迹遍及大半个中国，寻访亲历抗战胜利的见证者。首度披露部分珍稀史料，包括当事人日记等。全书 50 多万字，49 幅珍贵历史影像，第一次全面呈现抗战胜利这一中华民族伟大复兴进程中的重要转折点，及其对中国人日常生活的影响，见证中华民族百年屈辱的终结，填补民族记忆重要空白。

《抗战胜利·民间影像特辑》

160余幅珍贵影像，呈现抗战胜利的重要时刻，主要城市的受降、庆祝、日侨遣返等，重回激动人心的现场。

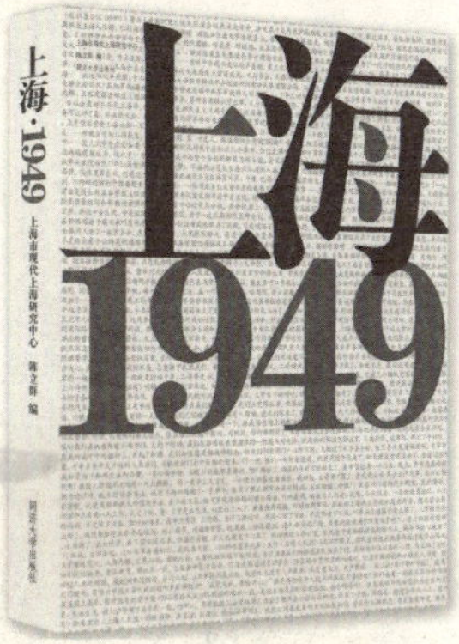


《上海·1949》（上海市委党史研究室出品）

首度公开部分珍稀史料,包括部分日记。七十年前的那一刻,极大改变了现代中国的历史进程,成为20世纪东亚历史的转折点,深刻影响了20世纪世界历史的走向。旧时代的结束,新时代的开始,这样一个翻天覆地的变化,值得记录下来。几十位亲历者的回忆(日记),试图从民间的视角,呈现上海这座城市1949年的巨变,从社会生活的角度,记录七十年前的巨变对普通人生活的影响,留下鲜活的历史切片。

《1949·影像上海》

定格历史瞬间的260余幅照片，呈现1949年上海各阶层人士的社会生活轨迹，既有反映重大历史事件的场景，又有对普通民众个体的观照，反映七十年前这座城市剧变的状态，保留珍贵的城市记忆。

第一手的历史影像，绝大部分系首度公开发表。

《革命的凝视——政治·宣传·摄影维度下的〈晋察冀画报研究〉》入选第五届中国摄影图书榜年度摄影史论图书。第一部以《晋察冀画报》为研究对象的专著，通过对该画报的诞生过程、战时宣传图像的理念与生产方式及画报生产摄影图像的传播路径等多方面考察，展示军政一体化的战时体制下中共抗日根据地摄影与政治及宣传三者间的复杂关系，为厘清、确认该画报主要创办者沙飞的历史贡献、《晋察冀画报》的历史作用与影响等作出了可贵探索，也为中国摄影史、中国新闻摄影史填补了学术空白。

《同济人忆抗战》

多地寻访同济老校友，样本包括早期的复兴路时代、吴淞时代以及李庄时代和四平路时代，覆盖大学部、高职、附中、附属医院，教师、学生、二代家属以及主要学科。收录 40 余篇亲历者的第一手回忆，包含大量细节和珍贵史实。这些鲜活的回忆，生动记录了同济人在抗战时期服务社会以及师生们在迁校过程中求学、生活的艰苦岁月，彰显了前辈学人同舟共济、自强不息的奋斗精神。

《文远楼和她的时代》

一栋楼·一群人·一个时代……

详情垂询，请 E-mail：clq8384@126.com